区块链治理

原理与场景

王延川　陈姿含　伊　然／著

上海人民出版社

目　录

第一章　区块链的原理

第一节　区块链：一种信任架构

现代社会日益复杂，社会治理日渐成为最重要的议题。如何才能实现社会的良性治理？有些人说依靠国家法律，也有些人说依靠伦理和道德。这两种说法固然正确。但是，对于治理的对象即活生生的人而言，这种外部规制始终过于表面化，缺少必要的中间环节。换一个角度理解，社会良性治理呈现为人们和谐生活，这种和谐来自人们内心的确信，这个由内而外的确信即为信任，来自交互对象彼此行为效果的可预期。因此，正确的说法应该是，并非规则实现了社会治理，而是人与人之间基于信任实现了社会治理，规则只是在一定程度上提升或者降低该种信任，加固或减损了社会治理的效果。在缺少信任的社会环境中，规则非但难以促使人们良性互动，而且还会成为一种破坏人们良性互动的工具。所以，规则按照这样的逻辑发挥作用：人们预测交互对方也会服从自己所服从的规则，基于这种认识，人们彼此相信对方，和谐生活。规则背后另有规则。所以，埃里克森认为，“是规范，而不是法律规则，才是权利的根本来源”。① 也就是说，规范是本，而法律规则是表。这里

① ［美］埃里克森：《无需法律的秩序》，朱苏力译，中国政法大学出版社2004年版，第63页。

的规范主要是指社会规范，表现为人与人之间的信任规则。韦克伯格描述了伦敦钻石商人的交易情形："在钻石街上，人们从事着价值数十万英镑的钻石交易。在黑暗的小屋里，商人甲向乙出售几颗昂贵的宝石，生意很快就谈妥了，甲扬长而去，乙俯身仔细检查那些宝石。他们之间没有契约，没有任何书面文件，一切交易都通过口头完成。"① 从这个角度而言，信任是社会交互的基石。信任是一个社会存续发展和长治久安的必备条件。信任不但可以促成社会交互，保证交互预期，而且可以降低交互成本，提高交互效率。信任并不会自然产生，而是要借助外力。传统熟人社会的信任依靠亲缘、地缘等催生。在以陌生人交互为主的现代社会，传统信任催生因素逐渐式微，政府作为信任催生机构开始登场。但是，政府在信任催生过程中始终受到区域、阶层等因素的限制，难以促成统一性信任。

关于信任的作用，许多著作均有所涉及。② 目前主流观点认为，信任属于社会资本，作为润滑社会交互关系的善意储备，可以增加社会财富，相反，缺乏信任，社会互动关系将会演变成为囚徒困境（prisoners' dilemma），非但不能提升效率，而且会造成资源的极大浪费。美国学者凯文·韦巴赫最近提出的信任架构（trust architectures）概念，③ 对我们理解信任的产生以及社会治理有很大帮助。在韦巴赫看来，信任是一种架构，具有催生的原点和辐射的范围。他按照这个标准将信任架构区分

① ［美］詹姆斯·科尔曼：《社会理论的基础》（上），邓方译，社会科学文献出版社1999年版，第128页。

② 参见［美］弗朗西斯·福山：《信任：社会美德与创造经济繁荣》，彭志华译，海南出版社2001年版。［德］尼克拉斯·卢曼：《信任》，瞿铁鹏译，上海人民出版社2005年版。［法］阿兰·佩雷菲特：《信任社会》，邱海婴译，商务印书馆2005年版。郑也夫：《信任论》，中信出版集团股份有限公司2015年版。

③ 笔者对此的理解就是自带规则的信任，或者说信任由规则支持和维持。

为三种：利维坦（Leviathan）[①]信任架构、点对点（peer-to-peer）信任架构[②]和无需信任的信任（Trustless Trust）架构。[③]

一、利维坦信任架构

利维坦信任架构是指以集中机构为原点而形成的信任架构，民众由于信任集中机构而进行社会交互。譬如，我们信任不动产登记机关的权威，进而放心通过其对不动产信息记录来昭示产权。我们信任银行的权威，进而放心通过其对汇兑和支付信息进行记录来表示货币的移转。我们信任法院，进而放心将我们与别人的纠纷交由其进行处理，并遵守其作出的裁判结果。民众之所以对集中机构有此信任，是因为其背后有国家强力支撑，如果违背了该信任架构，违背者会受到惩罚。正是由于该种信任架构的明确性与可预期性，以及赏罚分明措施，其可以辐射至一个国家的地域全境。这种普遍化的信任架构也是目前世界最主流的社会交互治理模式。

利维坦信任架构的典型例子是以股票交易为核心建立起来的资本市场。资本市场的特质决定了政府机构的高度介入。首先，在资本市场中，金融机构主要使用“别人的钱”进行投资，所以，其中的交易基本上属于代理关系，容易诱发机会主义风险。其次，在资本市场中，交易双方都需要知道对方的详尽信息，信息披露成为交易的核心要求。最

① 该词语出自英国启蒙时代哲学家托马斯·霍布斯的著作《利维坦》，“Leviathan”原意为裂缝，在《圣经》中象征邪恶的一种海怪，在霍布斯的著作中，其意指近代以来经过社会契约而形成的巨大的国家机构。

② 埃莉诺·奥斯特罗姆（Elinor Ostrom）将这样的架构称为公共池资源治理的设计原则（design principles for governance of common-pool resources）。

③ See Kevin Werbach，Trustless Trust，http://ssrn.com/abstract=2844409.

后，资本市场具有系统性风险，一旦出现问题，一方面会影响国内其他经济领域，另一方面也会影响其他国家的资本市场安全。上述问题不能通过交易者达成联盟而解决，也不能通过法院的事后介入解决，只能通过发挥中央政府的事前监管作用而解决。①

由信任集中机构衍生的社会交互存在一些问题：第一，集中机构保管的官方交互记录可能会出错，第二，维持官方交互记录需要花费高昂成本。人们之所以放心去和陌生人交易，是因为一般都相信银行和产权登记机关保管的交互记录不会出错。但是，事实并非如此。除了集中机构职员有意篡改之外，交互记录也会出现其他的错误情形，如果集中机构以自己的方式对记录进行判断，就会产生纠纷。譬如，某个人的银行资产记载余额为1000元，而个人主张其真实账户余额为10000元，双方争执不下。为了得到公正结果，可以去银行内部申诉，但是层级处理是银行管理的要求，需要经过许多层级审批，最后或许可以找到解决纠纷的出口。这将是一个漫长的过程。各种流水单以及存款是否被人提取，需要自动取款机的提取纪录等，这一切都需要被证明。如果内部解决不畅，需要第三方介入。譬如，可以诉诸法院，但司法程序更是烦琐无比，即使让职业律师介入，也需要花费很高的时间成本。为了维持交互记录，防止记录灭失，集中机构需要电子备份，为了防止发生电子系统遭受黑客入侵等危险，甚至需要进行纸质备份，并且将其保存在一个极其安全的地方，而这些保存成本会非常高昂。随着网络社会的到来，交互者扩及全球范围而让本国政府鞭长莫及，匿名交互让政府难以追及交互者的真实身份，以政府为

① 参见［印］拉古拉迈·拉詹、［美］路易吉·津加莱斯：《从资本家手中拯救资本主义》，余江译，中信出版社2004年版，第126—131页。

主导的信任架构的运行效率降低，社会治理面临严峻挑战，亟待机制创新。

二、点对点信任架构

点对点信任架构是希望能够消除集中机构消极作用的一种尝试。它是指基于我们对长期互动而产生的人际关系和共同社区规范的信任而产生的信任架构。在该信任架构里，相互信任的人之间具有共同的交互背景，信守自己群体自创的交往规则，即劳伦斯·莱斯格所说的社会规则（social norms），这种自觉意识在一定程度上消解了集中机构的作用。[①] 交互者彼此之间相信对方不会破坏规则，比如在鸡尾酒会上，你偶尔失礼，但相信对方基于涵养不会让自己难堪。我相信你，并非因为有集中机构的存在，而是因为我信任你这个人。基于此，集中机构被排除在信任架构之外，个体的人而非抽象的集中机构成为信任的原点。

点对点信任架构最有名的例子就是中世纪商人们构造起来的交互网络。该网络的目的在于排斥权威机构对于社会交往的介入。关于商人之间交互关系的规范，不再依靠王室制定的法律，而是依靠商人之间心照不宣的某种社会规则，"商人间实行合作，不论采用什么形式，都需要忠诚、信任，以及恪遵指令。由此形成一种相当严格的商业道德"。[②] 这也是奥斯特罗姆（Elinor Ostrom）、罗伯特·埃里克森（Robert Ellickson）和其他人发掘到的公共管理（commons regimes）领域，在

---

① See Lawrence Lessig，Code：And Other Laws of Cyberspace，Version 2.0，Basic Books（2nd ed. 2006）.

② ［法］布罗代尔：《15 至 18 世纪的物质文明、经济和资本主义：形形色色的交换（第二卷）》，顾良译，生活·读书·新知三联书店 1993 年版，第 143 页。

那里无需法律也可以实现社会秩序。[①] 对于当事人之间的交互而言，良好表达的社会规范和标准，加上人们对自身声誉的珍视足矣。后来，商人们将这些规范加以整理，制定成所谓的商人法（Law Merchant）。“商人们自发聚集到一起，制定共同的游戏规则。商业法律由此诞生。它没有得到国家的承认，完全是自发产生，自行裁决并强制实施，就像一个俱乐部的规章制度一样。”[②] 商人不仅创制规则，而且建立了执行该规则的机构，“商人组建自己的法庭来执行源于自愿合同交易的自设法律框架”。[③] 这种规则虽然是一种软规范，但商人们轻易不敢违反，否则将会被孤立，寸步难行。[④] 在 14 世纪的意大利，身处商事交易市场中，“任何人，如果没有履行他在集市开市期间所签订的协议，都被认为是名誉扫地之人。他完全丧失了自己的信用，再也无脸参加集市”。[⑤]

基于点对点信任架构建立起来的交互网络也有弱点：第一，不像利维坦信任架构那样，点对点信任架构的辐射范围有限，基于此而构建起来的社会交互网络半径不够广大。因为如果脱离开某种个体或者某种文

① See Elinor Ostrom，Governing the Commons：The Evolution of Institutions for Collective Action，Political Economy of Institutions and Decisions（1990）；Robert C. Ellickson，Order without Law：How Neighbors Settle Disputes，Harvard University Press（1991）.

② ［美］麦特·里德雷：《美德的起源：人类本能与协作的进化》，刘珩译，中央编译出版社 2004 年版，第 221 页。

③ See Leon E. Trakman，From the Medieval Law Merchant to E-Merchant Law，53 U. TORONTO L.J. 274（2003）see also Robert D. Cooter，Decentralized Law for A Complex Economy：The Structural Approach to Adjudicating the New Law Merchant，144 U. PA. L. REV. 1643，1647（1996）.

④ 参见王延川：《现代商法的生成：交易模型与价值构造》，法律出版社 2015 年版，第 39—42 页。

⑤ ［英］彼得·斯坦、约翰·香德：《西方社会的法律价值》，王献平译，中国人民公安大学出版社 1989 年版，第 283 页脚注 1。

化背景，特定的信任架构就可能失效。譬如，我国传统社会的宗族信任，超出族群范围的人们之间不会产生信任。地区商会成员可以相互信任，超出该圈子则很难自动产生信任。第二，它依靠经常瞬息变化的社会联系和非正式治理结构。如果人们之间的社会联系降低，则信任架构就会发生变化，或者产生转向。譬如，突然有些人不愿意再信任社区规则，如果范围较小，社区会进行矫正，如果范围逐渐扩大，本应信守规则的人认为继续信守规则会对自己不利，通过理性考虑后，他也可能会选择破坏规则。所以，信任架构非常脆弱，用迪戈·甘贝塔（Diego Gambetta）的话来说，“信任是相互关联（relevant）的，往往伴随着退出、出卖、背叛的可能性”。[①] 追根溯源，是因为信任是“无追索权的信赖”（reliance without recourse）。[②] 因此，没有强力支持，难以成就良性的社会治理。

三、无需信任的信任架构

传统的社会治理的两种模式虽然逻辑有差异，但本质上却相同：都属于人对人的治理。在利维坦信任架构中，集中机构执行者往往由自然人担当。在点对点架构中，也是将信任原点置于具体的自然人身上。由于是人对人的治理，最后难免受到作为执行者或者被信赖者的人之机会主义行动倾向的影响。区块链的出现，为社会治理提供了第三种信任架构：无需信任的信任架构。即通过一系列技术，催生分布式共识网络。

① See Diego Gambetta, Can We Trust? in TRUST: MAKING AND BREAKING COOPERATIVE RELATIONS 218—219 (Diego Gambetta ed., 1988).

② See Gus Hurwitz, Trust and Online Interaction, 161 U. PENN. L. REV. 1579, 1584 (2013).

这种新的范式让信任系统输出成为可能，交互网络的形成并不需要其中的任何行动者。区块链通过技术支撑起来的信任架构可以超越上述两种信任架构，首先，交互者不再依赖于集中机构，信任点不在于中心，而是去中心，表现为分布式节点，而且这些节点通过协商表决的方式实现。其次，交互者也不再信赖相对的行动者，该架构的特点不再停留在对交互对象的信任上，而是超越了对人的信任，因此成为无需信任的信任。最后，该信任架构建立起来的交互网络可以超越上述信任架构建立起来的交互网络。理论上而言，基于区块链的交互网络可以足够广大，达到超乎想象的程度。凡是使用区块链的用户，无论身处何地，身份为何，都会形成交互网络。所以，它的信任范围可以超越国界和某种紧密的共同体。

无需信任的信任架构的典型例子是智能合约。智能合约表现为一段代码，被嵌入区块链中，如果代码预先设定的条件满足，就会自动执行交易者的意图。与传统合约不同的是，代码一旦运行则不得被停止或者修改，这杜绝了交易者的机会主义行为。由于区块链底层协议的精神是“代码即法律”，因此，借助于区块链，智能合约排除了第三方在交易中的自由裁量权，其目的在于打造一个独立的“法外世界”。基于区块链，人们不再信赖权威机构，只要相信带有密码与算法的机器即可。就像莱斯格所言，“重要的规则，不是通过社会制裁，也不是通过国家，而是通过特定空间的架构强加的。一个规则不是通过法规来定义的，而是通过管理空间的代码来定义的”。①

基于其分布式共识算法，区块链在一系列行业可以开辟新的可能

① Lawrence Lessig，Code：And Other Laws of Cyberspace，Version 2.0，Basic Books（2nd ed. 2006）.

性。[①] 正在构建一个无需信任的交互体系：作为区块链1.0的比特币主要应用在支付领域。作为区块链2.0的智能合约主要应用在全球支付、银团贷款、抵押品管理、代理投票、证券发行以及监管和合规活动、创建分散式自治组织。作为区块链3.0的信息处理系统主要应用在社会服务领域，包括身份认证、公证、仲裁、审计、域名、物流、医疗、邮件、签证、投票等领域。如果照此发展下去，未来各行各业都可以利用区块链构建自己的交互网络，使得区块链成为社会生活的重要基石。

无需信任的信任架构通过机器在人们之间形成交互关系，人们通过对机器的信任取代了对集中机构和交互相对人的信任，正因如此，《经济学家》杂志用"信任机器"（Trust Machine）为区块链故事命名。[②] 而建立在区块链信任架构基础上的社会治理就是"机器的治理"。正是因为机器的确定性与不可篡改性，使得未来的交互网络摆脱了机会主义的影响，促进了良性的社会治理。但是，也有人提出异议，认为信任是一个被信任的人的善意表现。而机器没有意志，因此，机器不能被信任。[③] 另外，区块链的确可以实现交互的确定性与不可篡改性，但是，这种优势既可以服务于善的目的，也可以服务于恶的目的。譬如，智能合约可以成为正常社会交易的重要手段，同时也可以成为洗钱、赌博、恐怖组

① See Michael Casey, Blockchain Technology: Redefining Trust for a Global, Digital Economy, LINKEDIN PULSE (June 13, 2016), https://www.linkedin.com/pulse/blockchaintechnology-redefining-trust-global-digital-michael-casey.

② See The Trust Machine, ECONOMIST (Oct. 31, 2015), http://www.economist.com/news/leaders/21677198-technology-behind-bitcoin-couldtransform-how-economy-works-trust-machine. See also Adriano and Monroe, The Internet of Trust, FINANCE & DEVELOPMENT, June 2016, http://www.imf.org/external/pubs/ft/fandd/2016/06/adriano.htm.

③ See Karen Jones, Trust as an Affective Attitude, 107 ETHICS 4, 5—6 (1996).

织融资以及暗杀的绝好工具。①

有学者提出了较为中肯的观点，“密码学和软件可以取代守门人，但这并不意味着我们完全不相信人类”。② 无需信任的信任的起点和终点都是人，活生生的自然人。而人之最重要的社会价值即是自由。算法和机器的确可以导致一个高度定制性和确定性秩序的形成，这个秩序可以消除机会主义和各种人力所导致的混乱，从而提升社会效率。但是，这种高度定制性和确定性秩序在一定程度上会消解自由。因为人们借助于区块链作出选择之后，不得偏离代码这一规律，从这个意义上而言，人们之间的交互被其下层的技术代码所自动强制执行，而不再顾及各交互方的意愿。代码即法律不可能容忍错误，即当代码承载的并非交互者的真意，或者距离交互者的真意有差距时，代码依然强制执行，依托于区块链从追求确定性的目标走向不正义的确定性目标。

区块链的核心理念是“去中心化”，通过技术排除中介机构的干预，交易者不再需要信任集中机构，而只需要信任机器足矣。同时，区块链的运行也是无边界的，可以扬弃点对点信任架构的辐射限制。但这只是理想主义的，在一定程度上会产生所谓的“技术偏见”（Technical prejudice）和“算法霸权”（Algorithm hegemony）。“算法治理可能最终导致一个高度规定性和确定性的系统；人们的确可以自由地决定他们想要遵守的特定规范

---

① 有研究表明，通过智能合约可以控制赏金，暗杀一名公众人物，并通过预言机进行验证。See Ari Juels and Ahmed Kosba and Elaine Shi，The Ring of Gyges：Investigating the Future of Criminal Smart Contracts，in Proceedings of the 2016 ACM SIGSAC Conference on Computer and Communications Security（New York：ACM，2016），283—295.

② See Pete Rizzo，Circle Execs：The DAO Proves Blockchains Require Trust，Coindesk（June 22，2016，3:09 BST），http://www.coindesk.com/circle-execs-dao-proves-blockchainstrust/.

集，但是在作出选择之后，不得偏离这些规则，从这个意义上而言，智能合约被其下层的技术代码所自动强制执行，而不顾各方的意愿。”①

即使区块链得到广泛部署，政府和利益集团依然不会轻易离场，而是会在静观技术发展之后寻找介入的契机，从而取得技术创新带来的成果。在我们的人类基因中，始终有难以抗拒的被管制的因素，这一方面表现为我们需要被管制，另一方面权威机构想要管制我们。在中世纪，切实履行承诺成为一种交易共识，在很长一段时间内，这种共识的获得依靠商人之间的信任和自律，以及建立在该信任和自律基础上的自治规范，但是发展到后来，第三方的介入也不可避免。②当初互联网崛起之时，许多人就乐观地认为世界会发生两大变化：第一，中介机构介入人们生活的时代已经结束，第二，超越国家地理边界的交互将会形成。但是，实际上，就像学者研究结果显示的那样：第一，互联网的兴起并没有消除中介，而是改变了它们。它创建了一大批新中介，其中最重要的是互联网服务提供商、搜索引擎、浏览器、物理网络等，“简而言之，互联网使网络本身成为许多行为的中介，在互联网之前我们可能以为根本就没有中介”。③第二，互联网并没有产生一个全球性的无边界网络，而是“国家网络的一个集合——仍然通过互联网协议链接的网络，但为了许多目的而被分开”。④

① See Aaron Wright & Primavera De Filippi，Decentralized Blockchain Technology and the Rise of Lex Cryptographia，http://ssrn.com/abstract=2580664.

② 参见王延川：《现代商法的生成：交易模型与价值构造》，法律出版社 2015 年版，第 39—42 页。

③ See Goldsmith，Jack L.，and Tim Wu，Who Controls the Internet? Illusions of a Borderless World，Oxford UP.70（2006）.

④ See Goldsmith，Jack L.，and Tim Wu，Who Controls the Internet? Illusions of a Borderless World，Oxford UP. 142—161（2006）.

社会学家林·扎克把人类社会的信任分为三种：一是基于血缘、基于身份的信任；二是基于历史、基于了解的信任；三是基于制度的信任。第三种信任是在前两者基础上而产生的更为进步的信任。显然，基于制度的信任是一种制约的信任和法治的信任，这种信任具有最高的可信度，也是一种普遍化的信任。因此，无论是区块链本身存在的问题，还是集中机构的既得利益问题，未来的结果肯定是区块链接受政府的监管，代码之治与法律之治联手。借助于区块链技术的信任奉行“代码即法律”，其可信性不亚于制度信任。如果二者强强联手，良性社会治理指日可待。区块链信任的出现不会让目前的两种信任架构退出历史舞台，相反，在未来的社会治理中，三种信任架构将同时存在，相互补充，在不同领域内各自发挥作用。

第二节　对区块链的理解

一、区块链的本质

2009 年，为了对抗经济衰退始作俑者即大型金融机构，中本聪开发出比特币，[①]2014 年 10 月，大英图书馆举行了一场有关比特币的研讨会，比特币的底层技术——区块链自此进入人们的视野，被公众所认知。

区块链的本质是一种分布式数据存储方式，也有人称它为分布式分类账（DLT）。在区块链出现之前，集中式分类账是社会经济领域最常用

① 中本聪在第一块比特币创世块（genesis block）中记录了以下信息：“2009 年 1 月 3 日，财政大臣处在向银行进行第二轮紧急援助的边缘。”参见［法］普里马维拉·德·菲利普、［美］亚伦·赖特：《区块链与法律：程式码之治》，王延川译，元照出版公司 2019 年版，第 295 页。

的数据存储方式。在集中式分类账中，交互信息经核实后存储在分类账上，并由受信任的管理员进行维护。集中式分类账的问题在于管理员掌握的是主账本，其他人手中持有的是副账本。主账本存在被销毁、被黑客攻击或以其他方式合成的风险，而主账本出现问题，副账本的效力也紧跟着受到影响。

分布式分类账技术能够以分布式方式保存和共享信息记录，同时通过使用基于共识的验证协议和密码签名来确保其完整性。其特点在于：（1）用户可以自己维护网络，如开发程序和上传数据并使其自主执行，也可以查看所有的数据；（2）维护每个程序的当前和过去状态的永久和公共记录，这些数据在任何给定情况下都不太可能被操纵；（3）分布式分类账不依赖中心和轮辐模式，而是靠多个数据存储点（节点），这些存储点相互连接并同时存储所有数据，共同构成分类账本；（4）使用公钥密码术进行认证；（5）使用经济激励方式而非指令方式以确保网络维持。①

区块链出现的意义在于：第一，区块链无需中间人就可以进行交互，从而降低了交互成本和延迟。第二，世界上大多数信息都按照集中模式存储，但集中式数据存储库存在数据丢失的风险，有了区块链，信息将分布在世界各地的分散计算机网络中，它提供了一种更安全的方法来传输信息并增强了客户的隐私保护。第三，因为区块链上的参与者能够实时访问数据，区块链增加了透明度，降低了篡改或删除数据的风险。第四，区块链允许更准确和更快的交互信息可追溯性。该审计跟踪降低了欺诈风险并大大提高了交互的效率。

---

① Vitalik Buterin，Visions，Part 1：The Value of Blockchain Technology，ETHEREUM BLOG（Apr. 13，2015），https://blog. ethereum.org/2015/04/13/visions-part-1-the-value-of-blockchain-technology［https://perma.unl.edu/4EJG KJKA］.

二、区块链的缘起

区块链技术代表了点对点经济和社会交互的升华。① 通过组合点对点网络、加密算法、分布式数据存储和分散式共识机制，② 区块链为人们提供了这样一种路径，针对特定的事务状态进行协商，并以安全和可验证的方式记录信息。

在区块链发明之前，需要有一个中心机构确保在没有人为篡改数据的情况下协调人们之间的活动。如果不依赖于一个中心机构来验证某特定交易并非欺诈或无效，一群不相关的个人无法确认这个事情的发生。事实上，许多计算机科学家不相信分散的人群在缺乏一个协调机构的情况下，可以达成社会经济共识。这种认识来源于一个著名的计算机科学难题，它就是"拜占庭式将军问题"（Byzantine Generals

① 所谓点对点经济，是指"分散的个人行动——特别是新的和重要的合作和协调行动的做出，完全通过不依赖于专有策略的分布式、非市场机制"。See Wealth of Networks，supra note 1，at 3.

② 在某种意义上，区块链技术不是巨大的技术进步。它是一种增量提升。公私钥加密是在 20 世纪 70 年代后期开发的。See Whitefield Diffie & Martin E.Hellman，"New Directions in Cryptography"，22 IEEE TRANSACTIONS ON INFORMATION THEORY 644（1976）（介绍了公钥加密的概念）；R.L.Restest et al.，A Method for Obtaining Digital Signatures and Public-Key Cryptosystems，http://people.csail.mit.edu/rivest/Rsapaper.pdf。点对点网络自 20 世纪 70 年代末以来也一直使用，并在 21 世纪初期被主流接受。See ANDREW ORAM，PEER-TO-PEER：HARNESSING THE BENEFITS OF A DISRUPTIVE TECHNOLOGY 4—5（2001）（提出在线点对点应用的历史，并指出 1979 年引入的 Usenet 是"今天点对点网络的鼻祖"）。第一部分所述的协商一致机制如工作量证明，自 20 世纪 90 年代后期已经出现。See Adam Back，Part Hash Collision Based Postage Scheme，http://www.hashcash.org/papers/announce.txt（描述了一个消除垃圾邮件的工作系统证明）。分散式、分布式数据存储，像流行的源代码管理系统 Git 所提供的，已经使用了将近 10 年。See A Short History of Git，GIT，http://git-scm.com/book/en/v2/Getting-Started-A-Short-History-of-Git.

Problem），① 该难题在 20 世纪 80 年代早期就已经被提出。它假定拜占庭军的三支部队驻扎在敌人占据的城市之外，其目的是要占领该城市。每一支部队都由一个独立的将军来指挥，为了实施攻击，他们需要决定一个共同的行动方案。然而，将军们只能通过一个信使来相互沟通，而集团中有一个叛徒想要积极地阻止将军达成一致行动协议，其方式是要么欺骗他们提前攻击，要么隐藏一些相关信息，以使将军不能计划协调攻击。联系到计算机领域，分布式计算机系统在不依赖于中央权威的情况下如何能够达到共识，使得计算机网络可以抵抗来自恶意行为者的攻击。

区块链通过概率方法来解决这个问题。② 它让信息在计算机网络上传播，从而变得更加透明，并且使用需要大量计算能力来解决的数学问题去验证。这使得潜在的攻击者难以使用错误信息破坏共享数据库，除非攻击者拥有整个网络的大部分计算能力。区块链协议因此确保区块链上的交易是有效的，并且不会在共享存储库中反复记录，使得人们能够以分散的方式协调各个交互，而不需要依靠可信的机构来验证和明确所有交易。③

区块链是由计算机网络记录的按时间顺序排列的交易数据库。④ 每

---

① Leslie Lampert et al.，The Byzantine Generals Problem，4 ACM TRANSACTIONS ON PROGRAMMING LANGUAGES AND SYSTEMS at 382（July 1982）.

② Satoshi Nakomoto，Bitcoin：A Peer-to-Peer Electronic Cash System，BITCOIN.ORG 3（2009），https://bitcoin.org/bitcoin.pdf.“区块链通过最长的区块表示最大共识，为了成功地进行恶意攻击，欺诈节点必须重做目标区块的所有工作加上随后区块的所有工作，并超越诚实节点的工作。”中本聪表示：“随着后续块的增加，慢速攻击者追补（catching up）的概率呈指数下降。”

③ See Joseph Bonneau et al.，Research Perspectives and Challenges for Bitcoin and Cryptocurrencies，IEEE SECURITY AND PRIVACY（forthcoming May 2015），http://www.jbonneau.com/doc/BMCNKF15-IEEESP-bitcoin.pdf.（通过提供一个没有任何信任方的虚拟货币体系，而且参与者之间没有预先设定的身份，比特币正在填补一个重要的利基。）

④ Blockchain，BITCOIN FOUNDATION WIKI，https://en.bitcoin.it/wiki/Block_chain（last accessed Mar. 1，2015）.（指出“区块链是网络上所有节点共享的交易数据库”。）

个区块链被加密并由被称为“区块”的更小的数据集组成。① 每个区块包含如下信息：一定数量的交易、对区块链里前一个区块的引用以及对复杂数学问题的解答，而后者的作用在于验证数据与区块之间是否关联。② 区块链的副本存储在网络中的每个计算机上，并且这些计算机 ③ 周期性地同步以确保它们全部都有相同的共享数据库。

为了确保只有合法交易被记录到区块链中，网络确认新交易是有效的，并且不能使先前的交易无效。只有当网络上的计算机达到关于交易有效的共识之后，新的数据块才会被附加到区块链的末端。④ 区块链网络里的共识通过不同的投票机制来实现，其中最常见的是工作量证明（Proof of Work）。工作量证明共识机制要求网络上的某些计算机（俗称“矿工”）解决计算密集性数学难题，而其他计算机验证解决方案无法对应先前的交易。为了激励“矿工”贡献其计算能力，通过发行货币或通过交易费奖励第一个解决数学问题的“矿工”。它取决于贡献给网络的处理能力的数量。由于工作量证明需要耗费能源，目前区块链应用领域正在探索其他类型的共识机制，如权益证明（Proof of Stake）。权益证明是计算密集性较少的工作证明。⑤ 权益证明机制不需要任何处理能

① Id. 指出一个区块链是“一系列交易区块的实施，每个区块都包含前一个区块的哈希值，将该区块作为其唯一前提”；Blocks，BITCOIN FOUNDATION WIKI，https://en.bitcoin.it/wiki/Blocks。

② 通过特定哈希函数（中本聪的 SHA256）创建的数字指纹验证区块链中的所有操作，该函数用于将包含在区块中的所有交易绘制到固定长度的数据字符串中。任何输入数据的差异将产生输出数据和因此不同的数字指纹之间的差异。See Bonneau，supra note 22，at 4.

③ 这些计算机被称为节点（nodes）。

④ See PEDRO FRANCO，UNDERSTANDING BITCOIN：CRYPTOGRAPHY，ENGINEERING，AND ECONOMICS 15（2014）.

⑤ See Proof of Stake，BITCOIN FOUNDATION WIKI，https://en.bitcoin.it/wiki/Proof_of_Stake（last accessed Mar. 1，2015）.

力。相反，投票权取决于连接到网络的每台计算机持有的资源量（如虚拟货币）。

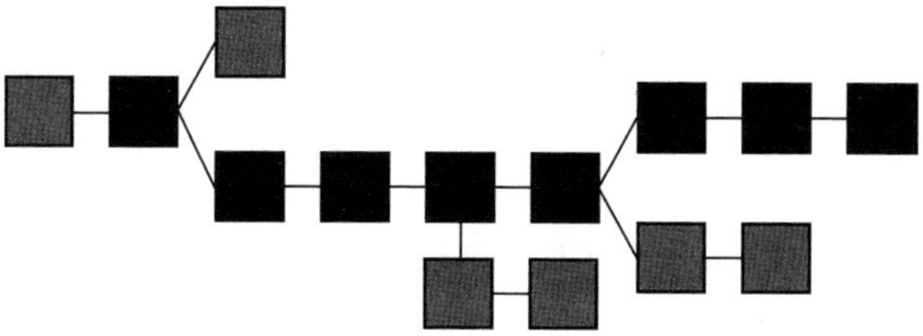

图 1-1　区块链的图形表示

三、区块链的支撑技术

区块链之所以出现，有赖于一系列技术的支撑。关于区块链的支撑技术，如 P2P 网络、加密技术、哈希算法、时间戳、共识机制等很早就已经存在，中本聪将这些技术有机整合起来，开发出比特币，比特币的底层技术就是区块链。

（一）P2P 网络技术

P2P 是英文 Peer-to-Peer 的简称，中文翻译为“点对点”或者“对等交互”。集中式分类账有所谓的主服务器（Server），它们作为用户交互的中介而存在，交互信息最终沉淀在主服务器之上。P2P 网络技术支持的交互不需要中介，① 每个交互节点地位对等，可以直接交互。这种技术的优点在于，由于不再依赖主服务器，性能比较安全，不会因某主服务器被攻击而导致网络瘫痪。

（二）公私密钥加密和数字签名

加密的本质是让信息能够真实和隐秘地交互与储存，真实性由数据

① 通过使用区块链，当事方无需依赖集中式票据交换所或可信赖的授权机构，便可以转移数字货币或其他有价值的资产。

签名保证，隐秘性由数据加密实现。区块链依赖公私密钥加密和数字签名，交互之前，各方使用私钥签署交易。一方可以将消息与发送方私钥组合而生成的“数字签名”附加到消息上。一旦发送，接收方可以使用发送方的公钥来检查消息的真实性和完整性。通过使用公私密钥加密和数字签名，如果甲想要发送私人消息给乙，她可以使用她自己的私钥和乙的公钥对消息进行加密，然后使用她的私钥对消息进行签名。乙可以使用甲的公钥来验证该消息来自甲并在传输过程中未被更改。乙接着可以通过使用他的私钥和甲的公钥来安全地解密该消息。由于数字签名不能伪造，可以作为账户启动交易的证据，且难以否认。

（三）哈希算法

哈希算法有很多种，区块链技术采用的哈希算法一般为 SHA256 算法，该算法可将任意长度的输入映射为长度是 256 位的输出，输出的内容一般被称为哈希值。SHA256 算法被认为是世界上最安全最先进的算法之一，该算法有两个重要的特点：（1）不可逆性，给定已知的输入 x，可以正向计算出哈希值 H（x），但无法通过 H（x）逆推出输入的 x 值；（2）抗碰撞性，对于任意两个不同的输入 x 和 y，其哈希值相同的可能性极小，对于一个给定的输入 x，找到和它哈希值相同的另一输入 y 极为困难。①

在区块链上，每个区块都有一个哈希值，它是一个唯一值，就像数字指纹一样，可以用来验证上链数据的一致性。譬如，在比特币网络中，当交易绑定到一个区块中时，“矿工”从前后两个区块中获取信息，并将其转换为一个称为“哈希值”的数学公式。每个哈希值都包含在前

① 肖臻：《区块链技术与应用》公开课第 2 节，详情请见 http://zhenxiao.com/blockchain/，2020 年 10 月 12 日访问。

一个区块中发现的属性，从而允许新区块在区块链内进行连接。如果某个区块曾经被破坏，或者通过篡改区块中已经存储的信息而从事了虚假交易，则该区块中的哈希值将不再是正确的，从而阻止新区块连接到区块链。由于每个区块都包含前一个区块的哈希值，这有助于形成链。

（四）时间戳

区块链技术使得以分散和防篡改的方式安全地对信息进行时间标记成为可能。在区块链中，每产生一笔交易，系统都会自动为其盖上时间戳（Time stamp），以此证明该交易确实在某一时刻发生，而区块也是按照时间戳有序进行连接。时间戳本质上也是一个可验证数据，其作用在于证明一份电子数据在一个特定时间点已经存在，它是安全地跟踪信息的创建和修改时间的过程。由于区块链时间戳具有精准性和无法篡改性，可以为交易充当“公证人”，为存证、知识产权注册等时间敏感交易避免纠纷。

（五）共识机制

在数字交易中，最难解决的是“双重支付”问题。像任何计算机数据一样，电子货币可以被复制，并不止一次地被使用。传统的电子货币系统通过集中式可信管理员来防止双重支付。比特币通过使用 P2P 网络来解决该问题，有关使用比特币交易的信息通过网络分发，由“矿工”验证，然后固定，指示其时间（时间戳）和唯一的比特币单位。交易的每个参与者都有一份副本区块链数据库，并通过使用专门的算法使其彼此同步。这样，比特币社区的所有成员都有单一版本的交易历史，该交易历史不可逆转。用户可以跟踪数据库中的每个特定比特币的所有交易历史。所有这一切创造了比特币用户之间前所未有的信任水平。即使一些节点是不可靠的、不诚实或恶意的，网络能够通过数学机构的干预正确验证交易和保护分类账。

四、区块链释义

用户的交互信息存储（block）在区块里，这些区块按照一定的逻辑链接（chain）在一起，称为区块链（blockchain）。形象地讲，即 Block + Block + ⋯ = Blockchain。区块链是一个分布式分类账，数据经过加密，按照顺序永久记录到称为“区块”的较小数据集中。每个块平均 1 兆字节，并包含大约 200 字节的控制数据，例如时间戳。在区块链中，数据不是单独存储，而是与其他数据捆绑存储在一个区块中。区块充当多个数据点的容器，所有区块都以特定的顺序存储。每个区块包含一个时间戳和到前一个区块的链接。区块链分为两个层次，一是数据信息链条，二是利害相关人链条。

（一）数据信息链条

区块链是一种结构化的数据集。通过某些加密函数来实现数据完整性（Data integrity）和身份认证（Identity authentication）的要求，其中前者是使用哈希算法来创建持久的、防篡改的交易记录，后者使用公钥基础设施（Public key infrastructure，PKI）来验证与记录在数据链上的交易相关的各方的身份。区块链中的各个区块按照时间顺序用哈希指针依次连接，形成一条从创世区块到当前区块的长链，以记录区块链数据的完整历史。链式结构使得区块链具有较高的透明度和安全性，任意数据都可以通过链式结构顺藤摸瓜，达到可追溯的效果。此外，结合时间戳技术和哈希算法，用哈希指针连接的环环相扣的区块使得篡改链上数据几乎不可能。

（二）利害相关人链条

区块链是一种生态系统，其实质是利害相关人的结合，这让区块链成为一个人与人之间的链条，这些人包括数据信息发起者、验证者、存储者、执行者等。以公有链为例，其最重要的利害相关人是核心开发人员、“矿工”、节点、用户，这些成员之间各自分工，共同实现网络的权力平衡。①

在比特币网络系统中，利害相关人分为如下几类：第一类是核心开发人员。他们进行代码设计，是管理区块链的核心成员；第二类是验证节点。它们是为了验证目的运行区块链代码的服务器的所有者；第三类是合格用户。他们是交易所、运营商、“矿工”等职业参与人；第四类是简单用户，如比特币的所有者或分散式自治组织的投资者；第五类是受系统影响而不直接依赖技术的第三方，例如简单用户的交易对手和贷款给简单用户的银行、通过区块链清算其金融资产的中介机构的客户、代表客户持有虚拟货币的经纪人的客户等。由于区块链是一种颠覆性技术，在一定程度上属于“黑匣子”，其内部的生态治理架构比较模糊，在比特币中，上述利害相关人都参与了区块链网络的治理，虽然人们认为第一类和第二类利害相关人发挥着关键作用，但区块链运行的最终效果由谁决定目前还并不为人们所知晓。

五、区块链的特征

区块链被视为信息共享存储库，是一个开放、低成本、回弹性、安全的存储系统，其具有以下特征：

第一，分布性。区块链不依赖于一个集中方进行维护或运行。集中存储的特点是，存储在数据库的身份信息、财产利益、商业数据、销售

① See ConsenSys（2016）The DAO Heist FAQ Part II. Medium，6 July 2016. https://media.consensys.net/the-dao-heist-faq-part-ii-b10ce890ffdf.

数字等的准确性来自对第三方的信任，要信任当前显示信息是原始记录信息，必须相信每个中间机构的善意和程序正当。你必须信任在传输过程中什么也没有被改变。区块链是分布式信息存储方式，就像中本聪指出的那样，“互联网上的商业几乎已经完全依赖作为可信赖的第三方的金融机构来处理电子支付。现在需要的是一种基于加密证明取代信任的电子支付系统，它允许任何两个具有意愿的当事人彼此直接进行交易，而无需受信任的第三方”。①

第二，假名性。区块链的初衷在于规避政府管制，打造属于码农自己的自治空间，节点之间达成这样的共识：我是一个交易者，并非某某交易者。区块链节点之间无需互相信任，无需公开身份。区块链中每个节点的隐私要受到保护。基于以上原因，区块链上节点都不适用真名，而是使用一个可以代表自己的字符。依靠数字签名和公私钥密码术，区块链可以让人们存储信息或从事交易，而不会泄露自己的真实身份。

第三，开源性和透明性。区块链是一种公共网络，每个人都可以加入，并且下载已有的数据库。基于区块链交易的元数据和其他情景信息可供任何用户查看，这让区块链具有透明性质。但由于区块链上的信息都基于假名和加密而形成，每个用户下载的信息并不能直接将其与用户关联起来。

第四，不可否认性。当一个区块被添加到区块链后，它不能被删除，并且它包含的交易可以被网络上的每个人访问和验证。它变成一个永久记录，网络上的所有计算机都可以用来协调行动或验证事件。再加上区块链依赖公私密钥加密和数字签名，一旦一项交易发生在基于区块

① Satoshi Nakamoto，Bitcoin：A Peer-to-Peer Electronic Cash System，BITCOIN，https://bitcoin.org/bitcoin.pdf.

链的网络上，交易各方将很难否认其存在。

第五，防篡改性。在区块链的情况下，如果网络正常运行，不可能改变记录信息。① 每 10 分钟，比特币挖矿程序就会验证区块中所有交易。每个有效的区块都要用前一个区块的哈希签名，并添加到整个链中。区块链是最长的区块序列。更改当前区块之前的任何内容意味着将整个链分裂到那一点。因为每个区块都链接到一个具体的序列，如果没有获得总挖矿能力的多数同意（即 51% 攻击），这样的行为将被拒绝。因此，基于数学证明，你可以相信，在区块链上记录的内容不会被改变。即使同一账户的后续交易也不会消除旧有交易的记录。② 一旦信息被记录到区块链中，将难以更改或删除。区块验证系统被指定为不可变的，这意味着交易信息一旦被记录入区块链中，都将被永久保存而无法更改或者删除。区块链的这个特点增加了信息的透明度、可追溯性和不变性，减少了欺诈。

第六，回弹性。区块链的一个副本失效或以某种方式被损坏对更广泛的网络几乎没有影响。如果网络上的一台计算机拥有区块链的完整副本，则区块链将继续供其他计算机访问和使用。譬如，比特币区块链网络中的每个节点都有一个最长的块链的副本，并且只有当“区块里的所有交易都有效却还没有失效”时，节点才会接受新的区块。这提供了例外的回弹程度：由于连接到网络的多个计算机存储了相同的区块链副

---

① 这一点也不是绝对的，通过 51% 攻击可以改变交易记录，硬分叉也是改变交易记录的一种方式，虽然上述两种情况发生的概率较低。另外，私有区块链也可以设计交易记录改变的规则。

② 就像中本聪所言，“将比特币发送给某人实际上并不意味着从账户中移除资产。它包括销毁一些现有的硬币，创造新的硬币，然后添加新的交易，而不是改变以前的记录”。See Satoshi Nakamoto，Bitcoin：A Peer-to-Peer Electronic Cash System，BITCOIN，https://bitcoin.org/bitcoin.pdf.

本，即使某些计算机在任何给定的时间内出现故障，也可以重建作为整体的共享数据库。

第七，自动性。区块链的运转并不依靠人，而是依靠共识算法。只要交互各方遵守协议的严格要求，信息发布、验证和存储就会在网络上自动执行，不需要借助于外力而实现。

第三节　区块链的类型

区块链分为公有链、私有链和联盟链，前者由众多用户自发组织，中者由特定机构建立并适用于机构内部，后者由用户通过协议组建。

一、公有链

所谓公有链，是指对于用户不加区别，任何人都可以成为节点的区块链系统。典型的公有链是比特币。就像《比特币白皮书》所说的那样，比特币是开源的，它的设计是公开的，没有人拥有或控制它，每个人都可以参与并维护它。

公有链是开放的，任何人都可以自愿加入而成为节点，共同维护动态更新的分类账。没有人审查从事交易或验证交易的节点。节点可以假名或匿名身份加入区块链。任何节点都可以浏览并查看分类账，其可以拥有反映最新交易内容的分类账。由于系统中没有中央管理员或主版本，每个节点拥有副本的内容具有同一性。在公有链中，每个节点都具有相同的权限，它们之间是点对点的关系。

区块链基本特征也主要针对公有链而言。公有链的基本优势在于：其一，一个人可以在不信任任何个人、中间机构或政府的情况下有信心进行交易；其二，单个分布式分类账代替了许多为了保持一致而必须协调的私人分类账，从而降低交易成本。公有链也有缺点：第一，由于网络庞大，运行速度较慢。如比特币“矿工”将一个新块添加到区块链的时间是 10 分钟，而以太坊的运行速度较快，但每添加一个新区块也需要 15 秒的时间。第二，成本较高。在比特币中，“矿工”竞相抢先使用称为节点的强大计算机添加新的哈希算法来解决复杂的密码问题。验证交易的“矿工”，为解决复杂算式需花费大量能源（Gas）。

二、私有链

和公有链相对的是私有链。私有链一般由特定的机构开发并服务于该机构。它不向外部人开放；挑选出来的节点完全控制交互。节点有权根据机构预先选择的协议查看全部或部分区块链内容。私有链不需要节点之间形成共识，更多是听从管理者的指令，这样可以提高效率。私有链上的交互速度明显加快，但私有链仅仅发挥了区块链的信息存储功能，不具有与公有链相同的分布式安全性。

三、联盟链

一些区块链系统是“封闭”的，节点加入需要经过“许可”，或者节点被限定于特定的用户，这种区块链称为联盟链。R3 区块链联盟（R3—Corda）、超级账本（Hyperledger）、俄罗斯区块链联盟（俄罗斯版 R3）、瑞波币（Ripple）、天秤币（Libra）、比特股（BitShare）、公开链（Openchain）等著名的区块链网络都属于联盟链。

首先，与公有链不同的是，联盟链的节点较少。目前知名的联盟链瑞波币（Ripple）大约有 200 个节点。2019 年 6 月 1 日公布的天秤币

（Libra）最初有 29 个节点，后来缩减至 21 个。Libra 创始节点之所以少的原因是进入门槛很高，必须符合下面三个条件中的两个才可成为节点：市值超过 10 亿美元或 5 亿美元以上的客户余额；跨国公司每年交易覆盖 2000 万以上的人口；被第三方特定行业协会或媒体公司认可为前 100 名行业领导者。① 其次，联盟链是经许可的区块链，即节点的产生需要审核与验证。这一点也是联盟链与公有链的重要区别。联盟链内部一般会设立一个机构，选择参与区块链网络的各方，限制可以访问区块链或向区块链记录信息的人。② 再次，节点之间的权限有所区别。譬如，联盟链超级账本（Hyperledger）的软件 Fabric 将链上的节点区分为客户节点（Client）、对等节点（Peer）和订购节点（Orderer），各个节点的权限并不相同。最后，联盟链节点之间是合作关系，同时也存在相互之间的监督。这一点和私有链不同。为了有效形成合作与监督关系，联盟链通常会成立理事会作为管理机构，譬如，脸书发起的 Libra 区块链就设计了天秤币协会，作为一个独立的非营利性机构，它的主要职责是挑选节点。对于不符合“资格标准”的创始会员，可以通过理事会的绝大多数投票予以撤销。

私有链是纯粹的集中式架构，虽然区块链技术的目的是信息存储和共享，但最终服务于单一主体的利益，信任的原点是该单一主体。公有链是纯粹的分布式架构，要在众多的节点之间形成信息共享，需要信任的并非某一个主体，而是区块链技术本身。在联盟链中，用户减少了对

① See LIBRA ASS’N MEMBER，HOW TO BECOME A FOUNDING MEMBER 3（2019），https://libra.org/en-US/becoming-founding-member/#member_evaluation_criteria［https://perma.cc/62BQ-CLR4］.

② See Allison Berke，How Safe Are Blockchains? It Depends，Harvard Business Review，March 7，2017.

分布式存储和共识协议等区块链技术的信任，信任的原点是有限的节点，此时的区块链信任架构可以表现为对可信第三方（TTP）的信任。

联盟链需要用户拥有访问权限，各个节点必须彼此了解并在此基础上进行交互，它们之间往往就共识协议达成共识。它们使用选择性验证而非物质激励推动运行。正因如此，联盟链相对于公有链而言，无论在速度、成本和控制方面均具有优势。如果借助于有限节点来运行，可以对用户的处理能力和硬件规格进行严格要求，以避免在高峰时期形成堵塞，进而降低运行速度。交互成本更低，因为区块只需要经过一定比例的节点即可验证，从而消除了公有链的能源消耗问题。由于用户需要审查，而且彼此之间具有一定的诚信义务，其信息的私密性可以得到更多的保障。联盟链更容易更改区块链运行规则，甚至更改交互信息，譬如在验证信息错误的情况下，公有链由于节点众多难以更改，而联盟链则更为容易。由于这个特点，也让许多人产生忧虑：交互信息的真实性很难得到保障。

问题与思考

1. 区块链为何可以降低交互成本？
2. 区块链信息如果出现错误，能否修改？如何修改？
3. 私有链是真正的区块链吗？
4. 人们借助于区块链可以真正实现自治吗？

参考书目

1. 凯尔等译：《区块链革命》，中信出版社 2016 年版。
2. 韩锋译：《区块链：新经济蓝图及导读》，新星出版社 2016 年版。

3. 林华、王勇译：《区块链技术驱动金融》，中信出版社2016年版。

4. 林少伟译：《链之以法：区块链值得信任吗？》，上海人民出版社2019年版。

5. 王延川译：《区块链与法律》，元照出版社2019年版。

6. 王延川、郭明龙译：《批判区块链》，上海人民出版社2019年版。

第二章　区块链1.0：加密货币

2009年，第一枚比特币问世，加密货币这一概念也开始进入人们的视野。无论在学术界还是实务界，人们对加密货币、虚拟货币和数字货币三个概念不加区分混同使用，此处需要厘清。加密货币专指运行于区块链上，通过加密技术验证的货币，典型有运行于公有区块链上的比特币和即将运行于联盟区块链上的天秤币。数字货币是以数字方式代表价值的货币，其范围包括法定货币中的电子货币、游戏币和区块链支持的比特币。比特币属于加密货币，而游戏币不属于加密货币，所以，数字货币的范围大于加密货币。虚拟货币与现实货币对应，是不以法定货币计价的货币，其范围基本上大于数字货币，当然更大于加密货币。但需要注意的是，央行发行的加密货币却不属于虚拟货币。

在过去10年间，各国均未对区块链应用尤其是加密货币展开积极治理，原因主要有：第一，区块链尚处于发展状态，[①]过早治理会抑制技术创新；第二，区块链上的应用如加密货币是否属于法律的调整对象，在理论界和实务界还未形成共识；第三，区块链支持的加密货币交易体量较小，未引发明显的社会风险。但十余年后的今天，区块链技术日益成熟，围绕

① 2017年，欧洲央行官方宣称，区块链技术“还不够成熟”，不适合纳入欧洲体系金融市场基础设施，见European Central Bank，Distributed Ledger Technology—Challenges and opportunities for financial market infrastructures，19 April 2017。但欧盟机构一直在密切关注区块链实际应用的演变。

区块链建立起来的财富已具规模。据 CoinMarketCap 公布的数据显示，截至 2019 年 10 月 7 日，全球的加密货币就有 2963 种，总市值已经超过 2000 亿美元。据安比（SECBIT）实验室智能合约监控平台数据显示，2018 年 10 月以太坊主网智能合约创建总量为 95139 笔。据技术行业分析师加特纳（Gartner）预测，到 2025 年，区块链的增加值将增长至超过 1760 亿美元，到 2030 年将超过 3.1 万亿美元。① 据中国电子学会统计显示，2017 年我国区块链产业规模为 21 亿美元，2018 年为 29 亿美元，2019 年达到 42 亿美元左右，2013 年至 2019 年的年均增长率超过 65%，② 加密货币给政府治理带来挑战。加上学界对区块链及其应用的研究也日趋成熟，以上因素改变了各国政府的“无为”态度，推动了区块链以及加密货币的治理。

第一节　加密货币的理论基础与价值导向

货币功能的再实现和区块链技术支撑着加密货币的发展。传统经济学货币发展理论的衰落是导致现有法律体系对加密货币监管困境的原因。加密货币以技术作为制度创新和发展的主导因素，其自身包含对规则治理的需求。将加密货币纳入法律规制的框架必须建立代码与规则之间的联系，并反思法律的调整对象和调整方法，进而梳理出数字货币发展进程中国家利益、个体权利和技术创新的价值导向。

随着区块链技术及其应用的发展，加密货币概念进入社会公共治理的视域。实现加密货币的监管首先要解决定性问题，而这离不开对加密货币发展所依据的主导因素的厘清。在经济学上，货币的概念关系到其

---

① See Gartner. Forecast：Blockchain Business Value，Worldwide，2017—2030.

② 参见李颋：《区块链创新发展的机遇与挑战》，《光明日报》2019 年 10 月 3 日。

市场运作的开展。[1]货币在市场领域具有三个作用：第一，作为会计单位；第二，作为交换的媒介；第三，作为价值能够存储[2]——这三个功能让货币成为具有社会价值的重要工具，以及沟通现在和未来的重要桥梁。与之相对立，从法律角度探讨货币时，首先需要关注其正当性，即国家的认可，事实上，国家在实物货币发行这一事实层面具有垄断性，在此基础上形成了所谓的国家货币理论。国家货币理论被认为是国家主权在货币领域的延伸，其在全球范围内被数个现代宪法确认，例如美国《宪法》第 1 条第 8 款、德国《基本法》第 73 条第 4 款，都规定了联邦在货币事务中拥有排他性的立法权。

因此，经济学货币概念是以社会功能为基础，而法学货币理论以国家主权性质为基础。为了弥合二者之间的张力，有学者提出应该从中心化或者去中心化的视角解读或者重构货币的概念，并强调区块链技术和实践在其中的支撑作用。虽然还存在争议，但基于区块链技术的加密货币，已经成为一种面向未来的技术创新。目前全球范围内的中央银行和商业银行都已经开发了区块链协议，该协议将去中心化分类账与集中监督的可能性结合在一起，使得加密货币正在加速融入现实的货币体系。关于加密货币，与其强调去中心化发行权，将其从国家角色或者集中管理的货币体系中抽离出来，不如将其恢复到更广阔的历史背景下，讨论其发展进程中的主导因素。

一、货币非国家化实践困境

太多的理论涉及主权货币的优势和弊端，以市场为导向的货币社会

---

① 谢平、刘海二：《ICT、移动支付与电子货币》，《金融研究》2013 年第 10 期。

② N.G. Mankiw，Macroeconomics［M］(9th edition，Worth Publishers 2015)，82.

化理论曾经对此进行扬弃，这在一定程度上成为加密货币产生的背景，对这一过程的总结有助于将加密货币发展放到更宏观的环境中，以明确其要实现的功能。

（一）货币的主权基础

回顾社会发展的进程，以国家主权作为后盾的传统货币体系能够成功，① 主要基于其在三个层面所具有的优势：第一，为货币提供秩序保障，这是主权货币的形式要求，方法是公权力信用对货币进行背书，并提供一系列有助于货币流通的物质基础；第二，国家的财富作为货币发行的客观支持，印刷量同整个社会运行的财富状况呈现出相关性，这是货币的合理性基础；第三，国家发行货币的重要职能在于公共服务，这是主权货币的目的价值。货币是重要的主权工具，这三个条件在今天仍是衡量货币发行乃至整个金融制度体系的标准。

但是，对于主权货币并非不存在质疑，这种质疑催生了“社会货币”理论，19 世纪的萨维尼等就曾经作过有益的探讨。② 该理论的要旨在于，货币的生发与运作机制不应该局限于国家主权。有人将此解读为国家授权中央银行发行货币即货币社会化的体现。国家拥有对货币的最终控制权，并将其管理货币的权力授权给“独立的”中央银行。全世界大多数中央银行纵然有历史和国情的不同，但都依据各自权限实现货币稳定，促进就业和经济发展，保持对短期政策干预的独立等。③ 中央银行是运行国家权力的机构，行使公共权力，并在必要时充当货币信用最

---

① 王道平、范小云：《现行的国际货币体系是否是全球经济失衡和金融危机的原因》，《世界经济》2011 年第 1 期。

② D. Carreau, “Le Système Monétaire International Privé (UEM et euromarchés)” (1998)[R]. 274 Recueil des Cours, 367.

③ 《比较》研究部编：《读懂 libra》，中信出版集团 2019 年版。

后的担保方。[1] 货币的概念与中央银行的体制设置、所依据的规范框架密不可分，信贷机构、金融基础设施（例如支付系统）和市场以此为中心而运作，这确保了货币的稳定性和功能性。货币的主要目标，更具体地说，是实现中央银行实施的利率政策。因此央行货币仍是国家特权的延伸，而不仅仅是货币社会化的体现。

（二）货币的非国家化

1976 年哈耶克提出货币的非国家化理论，其意为政府垄断货币发行权导致征收铸币税是物价不稳定和经济波动的根源，只有废除货币垄断发行才可能避免通货膨胀居高不下。哈耶克认为市场主体需要知识结合的媒介，利率就充当了这种媒介。利率作为对未来投资的一种合理的价格预期，需要能够有效反映未来的风险。这种权力原本是为了将分散决策的个体知识集合起来，却逐渐分离于自发的经济发展之外，成为国家主权属性的反映。哈耶克关于“货币非国有化”的论点被视为加密货币的理论圭臬。加密货币之所以出现，就是因为以国家作为主导的传统金融体系有无法克服的弊端，比如：通货膨胀率的居高不下；金价持续上涨让人们对传统的结算工具失去信心；信用风险和结算风险始终存在。加密货币顺应了经济的全球化，科技引领时代变革和全球范围内消费者线上线下参与整合成新力量的趋势，是人类经济发展到数字时代的必然产物，因此，数字经济的发展，有待货币的数字化重构。

哈耶克主张市场应该作为主导因素，并对国家发行货币的权力进行取代，但所谓市场化往往难以落到实处。譬如，过去的布雷顿森林体系

① F. Gianviti，“The Objectives of Central Banks” in International Monetary and Financial Law：The Global Crisis，edited by Mario Giovanoli and Diego Devos（Oxford University Press 2010），449—483.

是以美元作为基础构建，难以做到中立。现在的国际货币基金组织等机构虽然以科学和中立的名义在全球范围内展开活动，但实质依然在很大程度上代表了部分发达国家的利益，并对其他国家货币政策展开影响。所以，哈耶克的“货币非国有化”虽然提出了一些积极的思路，但最终的结果却让国家的货币发行权实际被加强。

（三）市场规则的危机

经济危机打破了人们对央行货币政策价值中立的判断。第一，在金融危机的恢复期，货币是一种稀缺资源；但是货币的属性是可塑的，在社会发展的平稳时期，国家会损失传统经济学的货币社会化职能来支持国家金融体系的平稳。第二，欧元发行是一个很好的例子。事实层面证明，欧元的市场局面已经打开，是欧洲从经济到政治一体化的重要里程碑，但欧元没有匹配的政治调整机制做后盾。欧洲危机揭示了欧元的政治设计悲剧性的缺陷，决策者拒绝进行债务重组，欧洲国家因此相互竞争且利益纷争频发。这正是中本聪创建比特币的原因，在金融危机最严重的时候，银行与政府一样无法践行理想化的货币政策。

如果以市场作为货币的支撑因素，加密货币将无法被纳入既有的货币范畴：第一，货币作为记账单位——目前没有太多证据表明加密货币被用作独立的账户单位。换句话说，加密货币不是直接用作商品和服务价值的度量，而是根据给定加密货币的汇率表示法定货币的价值，因此表面上接受加密货币付款的零售商实际是以法定货币报价，而加密货币价格取决于基于特定时间点的汇率。第二，货币作为交换媒介——如果没有法定货币身份，则只能在两方同意使用加密货币的范围内接受加密货币。因此，加密货币中的交易数量仍然很少，而要获得这种广泛的社会认同是很困难的，区块链的信任针对社会外部系统又具有封闭性。是否能够广泛的作为交换的基础本身无法排除权威的认同。第三，金钱作为价值储存——加密货币的高价格波动极大地限制了其用作可靠价值存储的能力。从经济角度讲，货币存量或货币供应量表示给定时间某个经济体中可用的货币总量。但是，对于将哪些资产包括在通用“货币”下，没有一个公认的经济定义。

回顾货币体系的发展，无论是将货币仅仅界定为中立的定性模式，还是以市场主导，强调货币的非国家化理想，都无法解决货币自身的社会功能，也无法弥合加密货币发展的需求，而且这一经济模式还存在一个深层次的危机，即将加密货币完全分离于现行的法律规则模式之外，造成加密货币同制度体系的人为对立。

二、加密货币的技术支撑与规则需求

货币社会化理论虽然有助于我们了解加密货币产生的背景，但市场并非加密货币发展的主导因素，与其说货币非国家化是加密货币的圭臬，毋宁说技术的发展让货币发行的多元化成为可能，明确加密货币的技术特征成为法律规制的前提。

（一）加密货币的技术支撑

技术发展，让人们意识到货币发行权转移的可能性。目前以区块链为底层技术运行的加密货币就是这种模式的实践形态，[①] 且更有效地发挥了货币的社会功能。区块链加密货币体系的设想借鉴了货币学派和黄金本位的思考。对于加密货币所要发挥的社会功能，区块链技术设想了一

① A.Didenko，R. Buckley. The Evolution of Currency：Cash to Cryptos to Sovereign Digital Currencies［J］Fordham International Law Journal，2019，42（4）：1041—1094.

套完全不同于传统货币经济学的方式。比特币总量的发掘，在数学上作为一个递减等比数列的累加，离不开技术层面的现代密码学的发展：对称加密、非对称加密及其二者的混合使用以及哈希算法为比特币提供了技术支撑。传统的支付方式有两种：第一种是直接交付；第二种是银行或者第三方作为中介支付，第三方作为中介支付也是以银行存款支付作为基础。有了区块链技术支撑，加密货币的支付不再需要中介架构，通过下载的数字钱包直接交易，又可凭借分布式共享账本和工作量证明机制避免“双重支付问题”。

因此，与传统国家货币不同的是，无论是发行层面还是支付层面，加密货币不是由中央银行或者国家机构发行或提供担保，也不一定附属于法币，其只是具有价值的数字表示形式。加密货币在现行的法律体系中不具有法币的地位，但是由于兼顾了两种传统支付方式的优势，既便捷又避免双重支付，交易主体接受它，并将其作为一种交换手段，且通过电子方式进行转移、存储和交易。从某种意义上讲，加密货币可以替代中央银行发行的货币。传统的法定货币体系面向社会公众，与银行账户余额密切相关。但是，加密货币不再与政府法定货币挂钩，参与者之间构成竞争性不可赎回的私人货币市场。比特币是其中的一个典型例子。比特币提供固定的供应量承诺，且这一承诺的执行并不是通过合同或中央银行授权，而是通过代码的操作来强制执行。比特币在市场上流通的数量上限被编程为可观察的源代码，并通过公共分类记账的算法系统进行监控，且有关信息在参与比特币交易的所有“节点”之间被共享。

（二）区块链不可互操作性

区块链作为一项技术因素，对货币体系的发展起到了两个关键性的影响，第一，促进货币社会功能的实现；第二，排除市场规则对于货币领域的影响。这两个影响都与区块链自身的设计规则有关。与任何其他类型的代码相比，区块链代码展现出更强大的自我监管能力，因为其直接规范了用户的行为，主要场景之一是“挖矿”或者“验证”市场：为了让一个区块添加到主链上这一事实有效，就必须经过验证，这个验证的过程俗称“挖矿”，学理上称为工作量证明。它维持整个区块链代码，并且存在于公共区块链系统中。“矿工”提供的服务包括创建新的有效和加密区块所需的复杂数学问题。作为回报，“矿工”提供系统验证服务。在加强自我监管能力的同时，区块链的设计规则也体现了对其他模式的抵抗能力。与最初互联网的愿景类似，区块链技术将在通信、商业甚至政治或法律领域①将权力的平衡力量移转出去。但不同的是，这种排斥，同样体现在区块链应用场景的上下游子系统之间。

系统之间的互操作性是一系列选择的结果，这些选择取决于商品或服务的类型以及潜在的市场动态。现实中一个市场主体（比如公司）也往往依据互操作性去作出判断。货币发行的任何更改都是通过银行外部的社会力量干预来实现的。而货币并不单纯是一个价值符号，因此仅仅形成具有价值的财产共识，并不能完成货币的全部功能。货币必须有效地反映生产、消费、流转等各个层面的经济状况。当前的区块链架构不可互操作，每个区块链系统都对其周围环境封闭，并且不与其他系统通信。这种情况限制了区块链的潜力，使其只能在一个封闭的区块链系统内运行：特定区块链系统的任何成员的交易（例如比特币）只能被同一

---

① Chris Dixon et al. Beyond Bitcoin：The Block chain，A16Z Academic Roundtable [EB/OL].（2014-12-24）[2020-1-5]. http://a16z.com/2014/10/24/the-bitcoin-network-effect/.

系统的其他成员识别。这同传统货币规则之间存在巨大的分歧，因为市场对区块链“挖矿”没有直接影响。区块链技术的这种不可互操作性排除了市场、社会伦理等其他规则在这一场域的影响。随着应用场景的增加，多元利益的存在和纠纷的产生，有待社会治理体系的完善。

（三）加密货币对法律规则的需求

既然区块链技术具有不可互操作性，那么是否可以把区块链上运行的加密货币监管完全交由代码自治，成为我们必须思考的问题。就加密货币自身发展的需求来说，答案是否定的。区块链技术对于加密货币的发展起着主导性作用。加密货币对区块链系统同样提出了信任需求：底层代码的完整性，信任决定的权威性，信任相应资产的流动性。

虽然区块链信任系统是一种分布式信任，但个人权威和对个人声誉的信任对于各种现有加密货币的成功至关重要。比特币的挖矿算法运行高度青睐大型矿池，即比特币的产生和交易都没有真正分散。[①] 取而代之的是，它的开采和付款处理往往集中在大型矿池手中，后者类似于全球银行体系中的垄断寡头。其结果是，不可互操作性排除了诸如市场和社会伦理等规则的介入。对权力下放、去中心化制度理念的设计，让人们忽略了现实中的比特币场景同样蕴含着中心权力机构的存在。一味强调以去中心化为名排除法律规制，反而显得对实际具有中心化的比特币场景束手无策。基于比特币的上述问题，实践中出现了更新比特币的需要。以脸书为代表的众多经济实体开始推出基于区块链的稳定币。与比特币不同，Libra 以真实的储备金作为信用支持，该储备金表现为银行存单和短期政府债券构成的投资组合，Libra 按照对应的储备金份额的

---

① S.Nakamoto. “Bitcoin：A Peer-to-Peer Electronic Cash System”[EB/OL]. (2009-01-03)[2020-1-5]. https://bitcoin.org/bitcoin.pdf.

市场价值兑换成法定货币。从性质上来看，Libra 实质上是一种权利凭证，所谓的支付就是储备金份额的支付。Libra 开始脱离比特币信用虚拟特征，回归到现实信用，而且由于 Libra 属于有价证券，不再像比特币那样完全在法外运行。正是由于受到法律的规制，也让 Libra 部分避免了比特币所遇到的上述问题。

像比特币一样，完全放任代码自治并不能取得理想效果。加密货币发展进程中出现的诸多危机不仅仅是对利益的预警和其自身代码设计的例外。这一发展演化的过程在宣示技术规则主导作用的同时，也给我们一个提醒：现有的加密货币体系不会也不能同真实的社会治理相悖。相反，加密货币的开发与持有者同样需要公共产品服务，并拒绝彻底的理想虚无。经过十年的发展，区块链技术的产业落地与数字货币的发展需求，同监管机构对加密货币和其他基于区块链的企业进行处理的不确定性形成对比。有关国家和组织机构曾多次呼吁专门针对区块链领域量身定制特别立法，但是新的立法时间成本较高，待规则制定并生效，其规制对象在技术上可能已经过时。其法律规制承担的深刻的社会变化不仅仅在于技术领域的创新应对，更在于如何保证区块链技术应用加密货币自动化的金融决策市场优势的前提下，去恢复货币金融体系所承担的国家责任和所接受的国家通过法律所实施的监管控制权。

目前加密货币有关的内容可能涉及相互交织的规则，但是，这些规则部分被区块链技术排除，部分与国家和超国家法律秩序相抵触。表面看是对加密货币主导力量的挖掘，是去中心化的系统封闭又开放的过程，实际上需要的是法律作为一种重要的社会治理手段，且如何使分裂的规则重新协调起来。在竞争性货币体系和区块链相互结合的系统中，适当的监管和担保的功能应该具有怎样的设计，这不仅仅是一个技术问题，更是一个规则建立和价值引导的过程。

三、加密货币的代码规制及向法律的回归

加密货币的发展，从功能实现和技术治理的角度都提出了对法律规制的需求。但是传统法律规则对于加密货币的监管并非一蹴而就，寻求技术同规则之间的共性，是对加密货币法律规制的前提，而关注加密货币法律规制的关键因素和属性界定，又为具体的治理路径提供了基础。

（一）代码与法律规则运行的共性

加密货币的发展进程如果被解释为一个去中心化和再中心化的过程，那么社会规则的建立则表现为一个多中心化和中心化的对照。就主导因素而言，加密货币的发展进程体现了从市场向技术的转变，并呼吁法律规则的介入。法律的目标在于实现代码和规则之间的融合。概括而言，代码和规则在逻辑上具有共性，具体表现在目的层面、规则结构和调整趋势上。

首先，从目的层面而言，代码和法律规则都试图解决社会治理中心化带来的问题。加密货币依托于区块链技术，法律依托于国家强制力，二者都试图实现货币应有的社会功能，并追求整体经济效益的实现。社会治理体系在中心化过程中表现为一个个体行为被解放的过程：在个人、家庭、家族和社群受到多中心规则评价的时代，行为如果被评价为善，需要在动机、手段、结果和组织各个层面符合评价要求；而法律规则的中心主义让个人行为只需要符合行为模式就可以得到肯定性评判。这个过程并非一劳永逸，在接受中心化治理的过程中，人们接受了负担减轻、行为可预测这样的巨大益处，但也面临深刻的危机：以规则为引导可能会让我们对真实的危害缺少来源的警惕；或者，我们身处结构化

的评价之中，但对于结构化的决策过程一无所知。①面对这一危机，诞生了区块链的透明性、匿名化和安全可靠的技术，在法律上产生了权力运行规则、程序以及对待个体的救济。

其次，区块链和法律系统内部都遵循两种规则，具有结构共性。区块链系统是一个现代社会的产物，其系统内部存在两种规则：第一，运行的规则——构成共识网络拓扑结构、交易功能、安全性和隐私性规则等；第二，与第一类规则进行互动的规则。②法律规则在维持权威和秩序的过程中，同样强调两级规则的必要性，第一性规则是义务和授权规则；第二性规则即承认规则、改变规则和裁判规则，且第二性规则维持第一性规则的效力。区块链验证规则是基于节点之间的同意而运行的，这些规则输入代码中，并在特定系统上强加特定结构。从这种结构中，对区块链社区的所有成员产生特定的义务。代码治理同样遵循一种规则逻辑，用户同样需要服从其强制性，这为将代码的正当性可以抽象到法律规则中奠定结构基础。

再次，法律对加密货币的态度符合经济发展的双向运行趋势。按照政治经济学家卡尔·波兰尼（Karl Polanyi）的说法，经济发展必然在社会中产生两种对立的运动：一种支持自由的扩张，防止国家和法律的干预，另一种则期待国家采取保护性措施。加密货币的发展进程不是市场主导的单方面结果，在社会上产生了与双重运动相同的效果。尤其是法律对待区块链技术发展始终保持审慎的限制态度，比如比特币是否属于货币，或者允许 Libra 的发行与运用。同时，政府一直在尝试通过使用

① ［英］罗伯特·赫里安：《批判区块链》，王延川、郭明龙译，上海人民出版社 2019 年版。

② P.Hacker，I. Lianos，G.Dimitropoulos，et all Regulating Blockchain：Techno-Social and Legal Challenges.［M］：Oxford University Press，2019：104—111.

创新的监管工具在其本国范围内使金融技术公司的运营成为可能，与常规金融机构相比，适用于它们的监管标准更为宽松。因此，作为技术，区块链又得到法律的重视和鼓励。

（二）**法律调整新技术的方式**

市场介入失效和技术对规则的需求使法律规制区块链加密货币成为必要，代码和规则治理的共性是法律规制的可能性。而法律具体调整新技术的方式又体现在两个方面，即调整的方式以及如何界定调整对象。其中调整的方式，取决于以下四个因素：

第一，对运行模式能否进行有效的干预。传统的货币金融体系，在其规则制定、参与主体、运行程序和事实手段乃至评价标准方面，都需要法律规则的介入；而从事实上讲，法律很难直接更改区块链代码，停止其执行或在其违法的情况下改变其效果。这种事实状态阻碍了法律介入的实际效果。

第二，法律能否作为加密货币运行的有效解释方法。当区块链技术自治的规则空白或具有明显的瑕疵时，诚信原则或目的解释等法律解释方法能否作为有效的规则补充，或者加密货币领域解释权限于代码本身所蕴含的内容。当攻击者利用区块链应用的某些特定功能行事，其行为既违反利益获取正当性，又明显与现实规则相悖时，问题尤为突出。这种情况发生在著名的 The DAO 黑客攻击中，攻击者窃取价值 5000 万美元的代币，并声称智能合约本身的代码提供了这样的机会，自己有权采取这样的“窃取”措施。

第三，法律能否顺利干预加密货币同其他社会系统的有效衔接。在传统的交易主体之间，如果买方在缔约之前未能获取明确的信息，往往难以收回付款或执行补救措施。因此事前遵循法律规则可能胜过事后提供补救措施的法律效果。事实是，上链之前对数据的获取显然是很困难的，尤其是区块链节点的分布主要依赖于算力，可以实现跨平台，获取信息更加不易，因此区块链改变了当事方之间的合同风险。值得注意的是，此类风险以及导入链下数据的需求在区块链交易中需要信任元素去分配，因此区块链上运行的加密货币离不开共识机制。

第四，更重要的是，在基于区块链协议的参与者在何种程度上可以选择退出法律体系，至少退出特定的法律保护并不清楚。在美国，对区块链产业运行给予最小的外部法律约束，但是相同的情况并不多见。尤其是在欧盟，公司法和消费者保护的相关法律是强制性的，不允许任意选择。所以在国际层面，具有地域性的强制性法律依然必须遵守，不同的法律制度将为区块链加密货币用户围绕实质性法律条款提供不同程度的法律保护。

因此，加密货币的法律规制，不仅是对侵害及其救济途径的恢复，而是对数字时代治理意义的探寻。区块链加密货币可以看作是相互竞争的技术、市场、社会和法律的缩影；不同的叙述有时可能产生不同的效果，这个效果在这项新技术扩展期间迅速形成。

（三）向法律规则的回归

以银行为核心建立起来的货币体系早已被纳入法律体系之中，微信和支付宝等作为支付的创新途径，依然是依赖于银行的第三方支付，是货币体系在数字社会的一种延伸。区块链上运行的加密货币创造的是原生货币，发展出的原生货币体系极有可能对技术安全、个体数据保障、政府监管不同层面的制度造成冲击。因此法律规制除了要考虑如何介入区块链这一技术领域外，还要考虑如何界定规制对象的属性，探讨作为法律规则调整对象的问题。

第一，加密货币能否被界定为法律上的客体，这一问题不仅仅在于人们对数字社会和数字经济的法律关系的清晰认知，还在于既有的法律体系对权利和救济到底如何设计。在有制度保障基础上进行“真金白银”式的尝试，是国家、生产者以及消费者共同的诉求，因为这一金融工具的创新，必须在维持个体缔结合同与加入许可的同时，确保经济和金融系统能够从创新应用上获利。以英美普通法对信息和财产的分类可以看出，与数字信息密切结合的加密货币同物理世界的财产依然具有明显的差别，那么关于个人财产一般性的原则是否可以顺利地应用到依赖于编码的区块链财产？而这些区块链上运行的财产关系又可以在多大程度上被应用于编码运行结果之外？这都意味着匿名当事人之间的交易如何具备约束力，法律是否可以对区块链加密货币进行强制执行。

第二，区块链用户范式的属性界定影响对安全性和效率的选择。有学者主张“三元悖论”的存在，即没有一个区块链能同时具有准确、去中心化和成本效率三个特征。① 通证范式市场存在去中心化程度越高效率越低的问题，而账户范式存在交易风险和信用风险。此外，在区块链上运行货币的一个巨大优势是数据信息的开源性，开源性代表信息公开透明、参与开放及时、运行稳定持续。有学者认为大多数加密货币不是完全匿名的，它们是化名。所以在欧洲加密货币所牵涉的信息利益，面临是否要被纳入《一般数据保护条例》(GDPR)框架下进行通盘考量的难题。法律关系如何界定加密货币个人用户的范式，也意味着一种价值的选择，是以个体权利保护还是市场需求为导向。

第三，主权货币与跨主权货币的属性界定，影响加密货币如何管

① E.Murphy, M.Murphy, and M.Seitzinger, “Bitcoin: Questions, Answers, and Analysis of Legal Issues”[R](Congressional Research Service, 13 October 2015).

辖。加密货币是价值的数字形式，可以在线交易，传统货币与加密货币之间虽然存在许多差异，但在规制路径上的主要差异可能是前者由国内法调整，而后者具有全球性。加密货币的全球性是支付和结算的重要优势。用加密货币跨境支付和结算具有高效和低成本的优势，因为与传统支付和结算方式相比，使用加密货币支付和结算没有额外程序，且没有外汇成本，唯一的成本是如果收款人不愿保留加密货币以备将来使用，则需要其转换为本国货币。加密货币的发行，可能改变传统货币作为主权工具的属性，同时也将改变传统的治理模式。以脸书主导的 Libra 为例：脸书宣称，Libra 是在为全人类争取一个新的支付和跨境结算工具，以全球用户的便捷和服务作为目标，这种全球化性质让它彻底脱离国家属性，其发行机构不是央行，信用基础也并非国家，而是建立在 7000 亿美元甚至更多资产的基础之上。Libra 运行的基础是脸书全球 27 亿用户的社交生态，有了全球用户的认同，Libra 的使用也不存在问题。国家无法禁止 Libra 的发行和使用，Libra 成为一国“法外之物”，削弱了国家的权威。

加密货币的发展与代码的治理逻辑为法律规则的介入提供了前提，加密货币的规制还取决于既有的法律能否有效地实施，以及其规制模式的选择。在对法律调整方法和调整对象进行分析的过程中不难发现，加密货币的规制路径背后并非完全是对技术中立的描述，其本身蕴含了对价值的需求。

四、加密货币法律规制中的价值导向

加密货币自身的发展进程体现出两个鲜明的特征，第一是去虚拟化，以更好地实现货币的职能，第二是以区块链技术为主导促进金融和

经济体系的整体发展，因此将加密货币纳入法律规则体系的过程，不仅是调整对象和调整方法的反思，更有待于对利益维护进行梳理，明确制度设计中的价值导向。

（一）**加密货币去虚拟化过程中有待法律维护国家利益**

以比特币为代表的加密货币有时也被称为虚拟货币，原因是其没有基础资产支持，价格不取决于资产价格，而是取决于对比特币的需求，这种需求建立在用户对比特币及其区块链技术的安全性的信赖。正是因为没有基础作为支持，加上炒作性因素存在，比特币的市场价格波动非常明显。但 Libra 的出现意味着加密货币价值不稳定及其监管合规问题有望部分得到解决。加密货币能否彻底稳定，还取决于对以下几个问题的回答，即是否被广泛获得，是不是数字形式，是不是央行发行，是不是技术产生的代币。Libra 的出现至少证明其币值不再依赖于共识，而是锚定于具体的存款准备金。因此，Libra 在两个层面上实现了去虚拟化的进步，一个是通过存款准备金避免币值大幅度波动，另一个是基于脸书全球巨大的用户群而拥有了更为现实的应用场景，进而提供更为便捷的跨境支付。带来这两个优势的同时，Libra 还可能因为造成新的货币竞争、资本的跨境流动以及通过对货币政策影响一国决策等问题，这些均值得引起充分重视。Libra 有存款准备金作为支撑，事实上也就与国家的主权货币挂钩，很有可能充当主权货币的金融工具，对货币政策不稳定的他国造成影响；另外，鉴于脸书全球用户群体巨大，如果 Libra 使用量巨大且频繁，国际商品市场和货币体系也会向作为准备金的货币及其国家不断集中。

我国人口众多，国际进出口贸易量巨大，人民币国际化进程正在进行，国内商品和金融市场在完善之中，因此国内法律必须应对 Libra 可能带来的冲击，以维护货币政策的独立和稳定。现在的策略是不应该神话 Libra，而是应该关注其是否能够健全合理透明的运行机制，是否有能力应对存款准备金赎回等问题。加密货币的进程也不会囿于 Libra 的形式和发展，但是加密货币在去虚拟化的过程中，开始具备信用创造的能力，并可能同主权货币形成竞争关系，可能凭借数字经济产生出不同于传统银行体系的代币体系，面对这些以区块链应用系统为代表的新事物和新发展，法律承担着制度设计和构建决策机制的使命，以成本和收益计算方式，消除加密货币带来的汇率风险，降低交易成本以促进国际市场上的交换，并成功维护本国货币的工具价值和主导权。

（二）加密货币应用场景有待法律保障个体权利

以区块链为底层技术的加密货币，的确具有降低信息成本和交易成本的优势，有助于促进金融行业乃至社会经济整体的效益，并在全球范围内被追捧而总市值稳步上升。[①] 但是针对脸书这样的大型科技公司进军加密货币领域，不能仅从市场视角考察。因为这种发展既关乎经济价值的创造，又关乎消费者权利的保护；它不仅意味着产业的发展，也会催生市场垄断和不正当竞争。

区块链一直面临匿名和网络安全的冲突。区块链技术及应用的所有者、管理者和服务提供者在一些特定的场景下也属于网络运营者的范畴，需要遵守网络实名制的要求，如何解决其与区块链技术匿名化的冲突是技术研发者和立法者需要思考的重要问题。通过区块链技术，系统中的数据块由整个系统中所有具有维护功能的节点来共同维护，除非能够同时控制整个系统中超过 51% 的节点，否则单个节点上对数据库的修

① 童毛弟、牛哲、陈庭强：《区块链技术及其在数字货币领域的应用》，《财会月刊》2018 年第 8 期。

改是无效的，也无法影响其他节点上的数据内容。这也给实践中企业管理“删除义务”带来很多障碍。虽然比特币通过“将公钥保持为匿名”的方式可以隔断交易地址和地址持有人真实身份的关联，达到保护个人信息的效果，但随着区块链应用到越来越多的场景和业务，例如智能合约、实名资产登记等，这些都是虚拟世界和传统物理世界交叉的领域，涉及实体法律规则的问题，验证节点在不知道具体合同信息或者个人信息的时候是难以执行的，这就可能陷入一个“个人信息保护的困境”。因此《网络安全法》的规制模式，[①] 事实上同《消费者权益保护法》《反不正当竞争法》一样，提供了技术发展过程中个体保护的需求。较之于传统的经济学发展模式，技术发展在规则治理的过程中，逐步消除了国家同技术之间的对立，要求其注重个体权利保护的价值取向。

（三）数字货币规制模式有待法律促进技术发展

虽然不同的国家对于加密货币采取不同的策略，但是归纳起来有两种主要监管方法：将区块链上的加密货币作为货币进行规制或者作为商品进行规制。比如欧盟法院在 2015 年判决中认识到比特币是一种具有双向流动的虚拟货币，因此不能被视为增值税指令第 14 条所指的有形财产，不能作为货物供应，因其本身不具有目的价值而同货币具有相似性，最终否认了可转让财产的性质和作为虚拟货币的货物的性质，并继

① 《网络安全法》第 24 条：“网络运营者为用户办理网络接入、域名注册服务，办理固定电话、移动电话等入网手续，或者为用户提供信息发布、即时通讯等服务，在与用户签订协议或者确认提供服务时，应当要求用户提供真实身份信息。用户不提供真实身份信息的，网络运营者不得为其提供相关服务。”

《网络安全法》第 43 条：“个人发现网络运营者违反法律、行政法规的规定或者双方的约定收集、使用其个人信息的，有权要求网络运营者删除其个人信息；发现网络运营者收集、存储的其个人信息有错误的，有权要求网络运营者予以更正。网络运营者应当采取措施予以删除或者更正。”

续将其等同于传统货币。在美国，只有美元是法定货币，因此如果违背《宪法》第 1 条第 8 款规定，则会被定罪。美国的监管机构将虚拟货币归类为商品，在法律上属于财产范畴。

结合加密货币的发展与相关国家的立法趋势来看，区块链上运行的加密货币可以被视为一种商品。但是，与黄金等有形商品不同，它们还是无形资产或数字商品。加密货币仅在利害相关者达成一系列共识的前提下才有意义。另外，货币的数字化进程又取决于社会的数字化程度和相关实体法律的规定，所以其货币性质仍然有待于时间的考验。强调加密货币的财产性质依然是以经济学市场主导因素作为出发点，正如我们所看到的，在功能实现和纳入法律规制的框架过程中，都极易造成同现有的制度冲突，人为制造对立，且不能顺应加密货币本身快速的发展趋势。

加密货币具有双重性质，它不仅是一种财产，也是一项技术，将其认定为财产的政府已采用限制性更强的监管方法，而视其为技术的政府则对其管辖范围内的存在采取了更有利发展的方法。比如现在诸多国家和政府通过设立创新中心或者企业监管沙箱的方法，一方面帮助创新性企业满足法律需求，另一方面允许金融技术创新以吸引全球资本。继英国金融行为监管局创新项目取得良好效果之后，澳大利亚、马来西亚、新加坡等国也更倾向于以技术规制引领加密货币的发展。

目前，我国加紧推进央行数字货币（DC/EP）测试并有望尽快实施的消息引发了广泛的关注。央行数字货币可以存在离线模式；较之于不锚定存款准备金的虚拟货币具有更强的信用基础；央行对于商业银行推广数字货币的方式也可能更加包容，采用包括区块链技术和现有的中心账本技术的双层设计；其与现行的货币体系也可以进行衔接，让现有的货币政策继续发挥作用。毋庸置疑，央行数字货币的落地形式还有待进一步测试结果与数字货币技术的成熟，但其实施同样离不开数字货币法律地位的确立和监管框架的完善。数字货币的治理涉及国家安全、个人权利保护以及技术发展的价值需求，以传统经济学的市场视角进行考察，会将数字货币发展同主权货币理论对立起来，人为地使去中心化模式规避法律调整。技术的主导因素恰恰在其发展进程中呼吁法律的关注，这也符合区块链技术和数字货币自身的进程。同时作为一种价值导向，对社会规则进行整合，并为未来留待可能性。

第二节　加密货币监管的制度逻辑

运行在区块链上的加密货币因技术特性而与社会经济产生了多样性的互动，作为交易对象和支付手段的价值受到技术的影响，其技术安全性与系统稳定性问题有待监管的介入与规则的保障。加密货币能否实现在现存货币体系中的监管目的并非对技术和经济职能维护，保障其作为货币的区块链共识结果，而是应当以监管评估其作为公共产品的社会共识，并经过一致性同意，且必须作为宏观政策工具的一环，服务于货币对经济实体行为的刺激与法定义务的分配，央行对待数字货币的态度也取决于央行调控货币政策工具的有效性。基于技术、经济和政治职能的认知，各国对待加密货币采取了不同的监管模式，但也反映出部分相同的监管趋势。加密货币的监管，通过双联模式的技术应用，行政权力行使中的价值强化，合作模式中的行政责任承担走向合作治理的路径，进而践行对象包容、手段多元、主体和责任排他性设计的监管制度逻辑。

以比特币为代表的加密货币是区块链技术最为经典的应用场景。伴随新技术的应用与发展，加密货币产生多元的利益与价值冲突，并寻求程序性的救济，监管的需求应运而生。加密货币受到行政法律调控的方式，取决于规范的约束程度，以及行政审查的密度。行政法对加密货币的界定存在两个前提：一是一般价值观的讨论与形成；二是法律法规所需求的目的能够结合客观的情势予以实现。在全球范围内，数字经济经历了虚拟货币与数字金融被应用到银行和投资领域，P2P 借贷平台作为众筹方式对于传统银行模式的挑战，以及货币体系、金融系统甚至经济模式所面临的去中心化与新中心化的讨论。既有的研究倾向对于加密货币进行历史的研究，[①] 以保障加密货币推动既有的规范价值实现，[②] 包括论证数字货币的理论基础，[③] 价值产生机制，加密货币有关交易是否可逆，加密货币同法定货币之间的交换问题。[④] 也有的学者为了寻求加密货币存在的合法性，或者进行加密货币法律属性的界定，[⑤] 或者强调有价证券、国家法定货币和电子证券存在的意义不同，因此功能也不必是相互替代的。[⑥] 这些研究意义重大且集中于对加密货币监管所依据的价值共识的探讨，但更为重要的是，加密货币被期待为数字经济中的重要组成部分，纳入法定监管的过程中，除了需要在较为宽松的规则体系中寻求一般伦理和公平正义的实现，还必须明确加密货币所必须完成的技术、市场以及管理职能，既有研究强调了区块链技术带来的利弊分析，

---

① 庄雷、赵成国：《区块链技术创新下数字货币的演化研究：理论与框架》，《经济学家》2017 年第 5 期。

② 郑戈：《区块链与未来法治》，《东方法学》2018 年第 3 期。

③ 樊云慧、栗耀鑫：《以比特币为例探讨数字货币的法律监管》，《法律适用》2014 年第 7 期。

④ 杨东、陈哲立：《法定数字货币的定位与性质研究》，《中国人民大学学报》2020 年第 5 期。

⑤ 杨延超：《论数字货币的法律属性》，《中国社会科学》2020 年第 1 期。

⑥ 《比较》研究部编：《读懂 libra》，中信出版社 2019 年版。

忽略了货币对于制度体系的架构性需求，显然二者在加密货币领域，尤其是货币的数字化进程中密切结合。

一、监管对象：技术性特征产生规则需求

加密货币可以降低发行成本，在支付和结算时可以实现匿名性与安全性，并且跨地域实现国际支付，避免高昂的交易成本，因此时常超越地域管辖在更广泛的空间中运行。无论发行主体是谁，都希望在用户体验、投资流程与运营层面较之于传统的金融服务和市场交易有更实质性的进步。技术的发展不仅让货币发行实现了转移的可能，而且与实体经济互动产生了区块链应用和加密货币的多样性。关注事实状态中的加密货币，是对监管对象的类型化的区分以及规范界定的前提。

（一）加密货币的种类与界定

目前全球范围内的加密货币多样性强，特征也较为复杂。加密数字货币这一术语，本身也并非完全确定的概念。加密货币是一个产生历史较早、内涵丰富，随着时间发展变化且存在争议的问题。概念的复杂不仅因为这是一个伴随技术发展和市场交易更新的概念，也因为概念的争议本身代表了技术选择和价值判定的过程。

以投资价值作为判断标准可以大体将目前的加密货币分为比特币、代币以及草币①——这种分类方式依据的是单位时价的排行总体趋势，愈有投资价值，交易愈加频繁，产生的争议和解决对策也愈加受到关注。草币这个略带俗语化的表述也反映了投资者并不认可其具有保值或者流通价值的态度。但这并不意味着草币就不该被监管，利用新开虚拟

① ［日］栗山贤秋、辻川智也、铃木起史：《加密货币与区块链所预见的世界》，田宇韬译，上海财经大学出版社 2019 年版。

货币募资后消失，哄抬币价后全面抛售的欺诈时有发生。按照发行主体的不同，可以分为非主权加密货币、主权加密数字货币和超主权加密数字货币。① 按照功能而言，颇受投资者青睐的比特币、比特币现金以及莱特币因结合区块链技术没有管理者存在，有利于降低成本和提高效率，因此偏重被应用于跨境支付领域；以太币、柚子币、埃欧塔币等由于将智能合约作为开发工具而可以被更广泛地应用在投资与结算之外的领域，因此更多地带动了企业组织的参与，扩大了交易的主体范围；而瑞波币、恒星币等为追求价值传导的速度和效率，又放弃了区块链工作量证明机制而只采用分类账方式，拥有强大的中心机构，所以较之于区块链上运行的加密货币，它们能够更有效地传导价值，但是也极其容易受到中心化决策的影响。加密货币的分类还会受到监管主体具体职能的影响，具体到监管需求，财政部和中央银行可能立意于金融秩序与货币运行状况的稳定；商业银行和金融监管机构要求降低投资与消费风险，也呼吁反洗钱和反恐融资的立法和执法问题；商务部期望经济枢纽的建立与市场规模的扩大，并需求制度性保障。

单纯从现象进行判定，我们这个时代诸多的交易形式已经是数字化的。比如我们习惯于用数字货币去指代没有锚定币值但是影响巨大的比特币，但是数字货币的概念一定程度上还涵盖了广义的其他电子交易方式。英格兰银行（Bank of England，BOE）将数字货币作为电子支付手段，国际清算银行下属的支付与市场基础设施委员会（Committee on Payments and Market Infrastructures，CPMI）将数字货币界定为数字形式的资产。虽然加密货币准确的概念目前还存在争议，但是其不同于传统

① 曾金海：《加密数字货币法律属性分析及启示》，《信息安全与通信保密》2019 年第 11 期。

的虚拟货币，后者依赖企业和服务商设定的适用范围，仅可购买虚拟产品。今天的加密货币因为适用加密技术，可以跨国、跨领界支付，完成瞬时交易，逐步具有了部分的货币职能。[①] 但是目前我国没有法定数字货币的相关规定，数字货币的交易是基于通证还是基于账户模式，是由中央银行批发还是私营部门零售，币值锚定还是完全依赖于共识，在哪个环节进行加密目前都不能一概而论。发展趋势中，加密货币可能是一种单纯的支付方式，一种更广泛应用的记账方式，或者抛却区块链技术的法偿货币的数字形式，这样的界定意义也具有现实场景，但是法律规范在解决此类问题时具有经验。

（二）加密货币的技术特征影响价值稳定

加密货币监管需要解决技术安全问题，这是基础，同时加密货币被作为交易工具、价值交换和聚集价值，是数字货币规制较之于其他区块链技术在不同场景应用所必须解决的问题。首先必须考察价值生成机制的问题。以比特币为例，其价值生成机制取决于工作量证明机制，即俗称的“挖矿”，本质上是一个技术问题，因为设定了 2100 万枚的上限，保证了其作为稀缺数字产品的特征。根据货币供应的既有逻辑经验，充当货币的贵金属虽然稀缺，但是供应总量并不确定。人们根据社会生产需要去挖掘更多的稀缺资源，用来保持或者增加货币的价值。但是当货币的供应量被了解，或者不等供应量完成，人们对比特币作为交换价值的认识和预期将受到影响。与之相伴随的是通货紧缩持续发生所带来的货币和市场体系的崩溃。由于货币价格持续上涨，物价持续下跌，人们习惯于存储货币以期待未来购买更多的物品。其次，加密

① 朱阁：《数字货币的概念辨析与问题争议》，《价值工程》2015 年第 11 期。

货币的职能离不开安全性问题，比如 2014 年的 Mount Gox 破产事件和 2018 年 Coincheck 的 NEM 大量被盗，都让投资者对加密货币安全性和区块链自治能力产生了信任危机，每当此类事件发生，加密货币的价格就会大幅度波动。货币职能、信用体系和技术保障是不能够分离的，所以加密货币作为交易工具也离不开信用的建立。区块链“扣块攻击”或者“51% 攻击”从理论上的可能到在现实中发生，都表明系统风险如果不克服，对加密货币的安全性将是致命的打击。以太坊的出现，以及对 2016 年“The Dao”黑客攻击后对危机的克服，本身就是区块链技术在加密货币应用层面的进步。再次，加密货币的价值要维持稳定的安全性，获得更广泛的应用，也必须改善可扩展容量与提升交易速度的数据库问题，还必须不断提升加密能力以应对“量子计算机”对安全性的挑战。

（三）**加密货币的风险产生监管需求**

加密货币运行所依赖的底层区块链技术，其核心要素为：它是一种点对点网络，通过加密算法，分布式信息存储，分布式决策形成的共识机制。这种分布式共识依靠区块链存储信息：每一个区块都包含了区块链上的交易信息，对前一个区块的引用和揭秘，以及对后一个区块解密的验证。基于区块链的技术特性，其被广泛应用在数字货币、智能合约、加密权益凭证领域，也可以服务于审查通信、文件共享、防欺诈投票平台等。作为区块链技术发展的产物，加密货币因其技术稳定性和价值传输效用被推崇。但技术本身存在的风险与利用技术特征在应用中产生的乱象，有待规则的介入。加密货币在发展初期，因与违法、犯罪行为密切相关而备受质疑。比如在“丝绸之路”暗网上比特币的有关交易，大多数都与受管制物品和麻醉物品交易有关，直到 2013 年该网站被 FBI 关闭。在中国，有关当事人利用比特币转移违法所得的案件也已经发生，罪名涉及信用卡诈骗罪①、抢劫罪②以及职务侵占罪③等。

加密货币被纳入法律监管体系的意义是重大的：第一，发挥加密货币的便捷性是大势所趋，人民银行更因是在全球范围内率先推出数字货币计划的央行而备受关注；第二，客观情况是诸多的大型数字企业发布加密货币，与央行展开竞争，甚至再次将 20 世纪 70 年代以来的货币国家化还是社会化的论证推向新的高潮，法律需要作出决策；第三，区块链技术的应用依然存在风险，有些风险是潜在的系统风险，有些风险是运营风险，随着技术应用而出现欺诈、侵犯消费者权益，或者是新的金融犯罪方式和类型，法律必须确保参与人的预期利益，维护市场秩序，防范网络安全风险；第四，以区块链技术应用为纽带，法律依然面临国家利益和个体权利保护衡平这一经典而又重要的问题，在现实层面，国家依然把反洗钱和打击恐怖融资作为监管的重要目的，而这一过程就牵涉如何调整区块链服务商和交易所的行为，是否实现运营者对个体消费者更多的调查权。利用区块链实名交易特征较之于传统金融工具获取用户更多的信息，一方面是各国对加密货币监管的切入点，实现对区块链以点带面的规制，另一方面，决定个人信息是否在必要时为国家所有，又不是财产法或者合同法可以解决的问题。

---

① Openlaw：《张明亮、张伟红信用卡诈骗罪一审刑事判决书》，2014 年 9 月 24 日，http://openlaw.cn/judgement/200cee8010c24b3d9f2402ed350580a2，最后访问日期：2020 年 2 月 26 日。

② Openlaw：《陈鹏飞、张佳、吴玉平犯抢劫罪二审刑事裁定书》，2014 年 11 月 6 日，http://openlaw.cn/judgement/85d81a85788d471a895b0457bbe857f8，最后访问日期：2020 年 2 月 26 日。

③ Openlaw：《郭明磊职务侵占刑事裁定书》，2015 年 9 月 28 日，http://openlaw.cn/judgement/5ac5ba7637154b3298c34f94f1201917，最后访问日期：2020 年 2 月 26 日。

二、监管目标：加密货币职能的规则性明确

加密货币与经济互动的多种形式，以及技术发展产生的应用问题，是从事实层面对加密货币监管必要性的考察，而以监管目标和货币职能作为出发点对加密货币的研究，代表对监管措施价值的考量，这是规范追求的目标，也是进行评估的标准，因此是各国进行具体的监管模式必须考量的因素。

（一）监管确认加密货币作为公共产品的社会共识

加密货币是否可以承担货币的职能，就这一问题，经济学者和法律学者给出了完全不同的解决思路。经济学上的货币概念，从经验的角度包含着三个显著的特征，就是作为记账单位、作为交换手段，以及具有存储价值。[①] 对货币持乐观态度的人认为从目前的实际现状来看，加密货币显然没有达到以上的标准。比如加密货币并没有脱离法定货币标明商品价值的地位，我们依然关注加密货币同法定货币之间的实时兑换价格；而加密货币的流通性也必须在双方都同意使用加密货币作为交换的时候才可以；另外加密货币也的确展现出了高价值波动，这显然与储存价值要求不符。而在法律角度，主权货币理论、社会货币理论，甚至社会货币理论衍生出的机构货币理论，都在强调权力分配问题。这三种解释方法虽然都审慎地判断目前加密货币同法定货币的关系，并未认同货币替代，但是却将货币建立在共识基础之上，[②] 将比特币的出现同哈耶克的货币发行权转移进行比较和相互佐证，事实是哈耶克的货币社会化并

① HACKER P，LIANS I，DIMITROPOULOS G，et all. Regulating blockchain：techno-social and legal challenges [M].Oxford：Oxford University Press，2019：110.

② 姚前：《共识规则下的货币演化逻辑与法定数字货币的人工智能发行》，《金融研究》2018 年第 9 期。

非单纯依靠“机器算法或者虚构的事物可以实现”。[①] 在法律监管视角当中，货币职能背后的国家权力行使是不可能被否认的，因为中央银行是依照授权去实现货币内部和外部的价格稳定。货币的职能除了自然的共识，必须要经过社会一致的同意，这一过程需要作为强制性规则的确认，以实现对秩序的保障。所以加密货币是否可以承担货币的职能，不能仅仅依靠经济职能，还必须依靠特定的货币政策系统，把加密货币纳入稳定的货币系统，监管成为必要的评估性因素。

加密货币的经济职能目前看来只是一个时间问题。欧洲中央银行已经承认了其价值性，并肯定其在一定程度上可能会成为货币的替代品：加密货币也具有价值，作为交换媒介又是记账单位似乎已经日渐形成共识。但是依然有人基于加密货币的虚拟财产性质，而强调与实物货币的不同，并突出货币具有主权性质，而加密货币可以是一种超越地域的世界货币。2017 年 3 月 3 日，单位比特币的价格超过了黄金，所以以比特币为代表的虚拟货币的经济价值一直在扩张。故，核心的问题还在于如何界定加密货币的属性，以及采用何种监管模式的问题。加密货币是国内货币还是超主权的世界货币的核心不是虚拟与否。虽然传统意义上的货币的计量单位都是与重量、密度、介质等物质因素密切关联在一起的，但随着商品经济的发展，货币更加侧重于信用价值而非作为实物的价值，这也就是货币法定化和货币国家化的重要原因之一——以规则确定公共产品的提供，并以强制性对社会共识形成的决策加以确定，最大限度降低决策成本和交易的成本。诸多的法定货币愈加注重数字支付的形式，以时间脉络来看是社会共识形成的一种必然产物。

---

① 姚前：《中国版数字货币设计考量》，《中国金融》2016 年第 12 期。

（二）监管评估加密货币形式对宏观政策工具的影响

如果把货币认为是一种交换的媒介，那么货币首先应该在实体交换中实现最小的交易成本，很显然，加密货币在一定程度上可以满足这样的需求。但在更广泛的现实需求中，货币很显然承担着更多的社会职能，比如作为会计单位，货币不仅仅是一种支付和债务结算手段，货币政策还是一种创造信用债务的制度设计，国家通过征收税款，决定支付税款的条件与能力，从而创造了一种货币的需求。①从这个意义上说，货币的使命是不同经济实体彼此刺激进而带动经济活力的媒介，而不仅仅是自然交换状态下的媒介或者市场经济中的记账单位。因此货币的形式，关系的不仅是货币作为媒介、会计单位、存储价值的功能，还必须考察对宏观政策的影响。国家的监管是对公共服务产品的形式确认，也是确保社会成员从国家的信用体系中平等地受益，它代表权力的分配和义务的承担方式。

规制现代性要解决的一个重要问题就是技术性和流动性在空间中的展开。加密货币作为区块链技术应用尤其如此，权力的分配与公共管理结构的转变，传统模式被打破，治理主体的多元转换似乎已经能够达成共识。社会空间的扩展本身就是一种权力的来源和构建方式，它打破了传统的政府对于既有的社区生产和生活组织的垄断。规制的切入点在于新型领导权的出现能否维护人们业已形成的共识。即数据是否会取代独立的人，成为新型的被监管的对象，尤其是网络机构的极简化可能会伴随技术的复杂化形成对个体的绑架，也可能造成对自由和自主的

---

① GARETH P，EFSTAHIONS P，ARIANE C. Trends in crypto-currencies and blockchain technologies：a monetary theory and regulation perspective［EB/OL］.（2015-08-19）. https://papers.ssrn.com/sol3/papers.cfm?abstract_id=2646618.

捆绑。[1]网络平台与新型的网络机构又会衍生出新的公共管理产品——也就是权利非正式的私有化，成为新的公权力代言人，还是作出迥异的价值选择，这些必须通过规则介入作为衡量标准。当我们讨论货币的法偿性，即法定货币不能被拒绝接受，还代表国家的罚款和税收政策可以有效地加重生产者责任，如果仅仅将货币视为一种共识机制，而没有国家信用的背书，那么私人部门发行的加密货币同法定货币的竞争，可能会导致国家的其他工具的失效。如果以私营部门发行的货币作为结算工具，将导致需要承担的税收、付款等国家义务，转变为生产者的其他生产负担，而不是国家义务。

（三）监管保障央行对加密货币政策的实现

中央银行为实现货币稳定，必须利用自己的调整工具，这其中主要涉及三个方面的内容，分别是关键利率的设置、公开的市场操作（通过购买流通中的货币、出售诸如国库券或者外币等金融工具）和准备金的要求。[2]其中关键利率是常规货币政策的核心，同央行的公开市场操作一起，保障货币的供应量。中央银行虽然在各国的性质、传统和法律具体定位上有诸多不同，但是在非危机时刻，中央银行在一定程度上都不过多参与对政府或者私营部门的贷款，也不购买政府、公司或者其他部门的债券。当考察货币政策和监管能力的时候，还必须考察中央银行等国家权力机关能否依照法律规定的方式有能力控制基于区块链而具有分散化特征的加密货币。

央行货币政策目标可以概括为四个部分：实现货币国内价格稳定；

---

① LEVITIN A J. Pandora's digital box：the promise and perils of digital wallets［J］. University of Pennsylvania Law Review，2018，1（166）：305—376.

② 李新鹏：《央行货币政策工具调整的特征研究：1998—2011》，《财经理论研究》2015 年第 3 期。

维持货币国外价格稳定；促进经济发展和就业增长；实现金融秩序稳定。这里就会出现两对矛盾，一个是货币价格虽然与金融稳定具有相关性，历史经验说明如果一个国家法定货币价格高频率且大幅度的波动，则会冲击金融秩序，但是二者的目标并不总是保持一致。另一个是国内价格和国外价格政策也不总是一致，因为国际货币价格一定程度的通货膨胀率有助于经济的增长与促进就业。因此货币的国内价格倾向于通货膨胀率的控制，并且作为央行货币政策的首要目标；而货币的国际价格要追求一定的通货膨胀率，以实现国际贸易的顺利开展。为了协调不同价格政策之间的目的，央行的货币政策应当反映社会供求关系，但这也是一个规范选择的结果。我国央行的地位、职责、业务范围等依靠《中国人民银行法》为核心的银行法律体系予以明确。根据全国人大常委会向十三届全国人大三次会议提出的工作报告显示，2020 年立法工作包括修改《中国人民银行法》，即是对数字时代的货币政策和金融秩序予以回应与构建。

目前中国央行数字货币计划审慎推行，不仅仅因为要对技术作出选择，还代表了国家面对宏观且体量庞大的体制作出的选择，不仅仅是一项新技术和新产品的开发，而是必须在微观的合规与整体制度构建的合法层面给出回答。因为较之于“利益去中介”“货币社会化”“网络乌托邦”等理论作为一种理想模型，央行数字货币似乎从开始就承担了利用市场，服务于国家技术更新换代的诉求，在维护国家利益层面，必须维持金融秩序稳定，也要防止“加拉帕格斯现象”；必须作出承诺去满足消费者利益的保护与公民的隐私维护，同时还必须让数字货币与国家主权货币一样可以传导社会的需求总量，实现货币政策对于宏观调控的服务职能。

目前，包括中国人民银行在内的诸多国家如加拿大、新加坡、日本等国央行正在积极探索加密货币法定化途径，根据国际清算银行对全球央行调查数据显示，超过八成的银行正在参与到央行数字货币的研发当中。很显然人们也许不是因为货币价格问题而拒绝现金的使用，人们也依然相信国家背书的货币的价值和信用。一方面数字化是一种不可避免的趋势，另一方面国家建立在货币上的信用受到零售业务与基础设置的技术稳定性和安全性影响。央行数字货币的优势是信用、安全性问题，但法律必须妥善解决数字货币制度推行后的平等权问题。法律如果承认央行发行加密货币同人民币完全相同的法定地位，那么使用加密货币的人较之于使用银行账户业务的人有可能获得对中央银行匿名的权利。银行或者要提供更多的业务，如无息或者更低利率的贷款，或者产生新的保险用以吸纳存款，或者为了防止对现有金融体系的冲击而存在的分级管理制度，这些措施又有可能相对加重数字货币使用者的负担或者减少获益。央行数字货币也并非一蹴而就的过程，需要解决利用加密货币技术作为支付工具，然后满足货币政策的需求，这一复合的过程有待技术完善、机制的顶层设计，也需要法治的完善，这是一个国家权力借助技术和市场发展成果的过程，也是公私权力结合并予以协调的过程。

三、监管模式：各国的多元尝试

研究加密货币合法性问题，需要回答什么是监管的目标、监管的依据以及监管的方法，还有对监管的评估。有些问题的回答似乎并不困难，比如货币的流通应当维护市场秩序、金融的监管应当维护消费者权益、技术的应用应当鼓励创新，且有利于提升市场与系统应对风险的能力等。但是这些目标是否应该一体化实现，就涉及有无价值的冲突与选择问题。关于什么是好的监管办法，目前也有争论，比如是应该体现出对生态的适应性，还是对问题的回应，还是应该基于危机意识的主动出击。监管的切入点也可能很多，比如是制定规则，还是依靠原则进行衡量；是系统性地预防风险，还是只对运行机构进行管控；对参与主体的准入是侧重于功能还是侧重于资质，都是值得探讨的问题。各国对待加密货币的态度，真实地反映了过去十余年法律与技术的互动。目前全球范围内对加密货币的监管可以简单概括为放任、控制和风险预防三种模式，在不同的监管模式下，各国界定加密货币的法律属性和具体的制度实施具有多元化差异，但也有共通的规律可循。

（一）宽严不一的加密货币监管模式

全球范围内对待加密货币的监管模式因对技术认识和应用程度和各国数字化与风险防范能力差别，可以简单地分为放任、控制与风险预告三种。对加密货币的放任模式以英国在 2013 年对比特币的态度作为典型，英国宣布比特币不作为货币，不受监管，还将比特币挖矿和相关服务等同于货币流通与产生的收入，不作为商品收益因此不作为纳税对象。2019 年 1 月，英国根据市场流通的交易状况发布《加密货币资产指南》，将加密货币分为三类，去中心化的交易代币，证券型代币，效用型交易代币。但在 7 月 31 日，英国金融行为监管局在发布最终指南时，重点对证券型代币作出了定义，认为证券型代币的发行同股票、债务工具和所有权的发行一样归属于“特定投资品”类型，并受到金融行为监管局的监管，比特币和以太币在不违背反洗钱监督规则下，作为交易型代币不受监督，而效用型代币只有在做电子支付的前提下受到监管。

控制模式的典型代表为 2013 年中国人民银行、工业和信息化部、中国银行业监督管理委员会、中国证券监督管理委员会、中国保险监督管理委员会五部委联合发布的《关于防范比特币风险的通知》。[①] 但中国采用的控制模式，并非全面对比特币的禁止，一定意义上由于国际货币的自身属性和对全球资本市场的独特优势，很难让比特币作为一种现象被彻底遏制。但是该通知明确了金融和支付机构不能买卖比特币，不能作为比特币交易的中央对手方，不能提供相关保险产品，也不得直接或者间接开展比特币有关的服务。当然各国关于控制的宽严方式，也略有区别，比如瑞士、瑞典、法国等国家明确要求比特币有关的金融机构必须经过注册，欧盟要求建立有关的交易“数字货币用户中央数据库”，可以让金融情报机构能够获取交易地址并向用户作出声明；[②] 韩国要求加密货币的实名交易；波利尼亚、黑塞哥维那、纳米比亚禁止了加密货币兑换法定货币，而印尼、科威特、伊朗、哥伦比亚等国家禁止金融机构提供有关加密货币的金融业务。[③]

风险预防模式源自以美国为代表的对区块链加密货币较为宽松的政策，并没有禁止金融或者支付机构的加密货币业务，但是也并非完全放任加密货币不管。2016 年美国财政部、美联储和证券交易委员会就通过年度报告形式发出警告，提示比特币交易存在的风险。美国财政部下属金融犯罪执法局（The Financial Crimes Enforcement Network，FinCEN）明确要求加密货币业务必须遵守反洗钱制度。美国证券交易委员会

---

① 中国人民银行、工业和信息化部、中国银行业监督管理委员会、中国证券监督管理委员会、中国保险监督管理委员会发布《关于防范比特币风险的通知》，http://www.pbc.gov.cn/goutongjiaoliu/113456/113469/2804576/index.html，最后访问日期：2020 年 3 月 7 日。

② 史雪娜、肖瑶：《数字货币的国际监管经验与启示》，《对外经贸实务》2016 年第 12 期。

③ 漆彤、卓峻帆：《加密货币的法律属性与监管框架——以比较研究为视角》，《财经法学》2019 年第 4 期。

（U.S. Securities and Exchange Commission，SEC）要求加密货币交易机构必须经过授权，并且向投资者发出警告，告知比特币交易可能存在的风险。美国国税局（Internal Revenue Service，IRS）认定了虚拟货币的"财产"性质，并将由此产生的交易所产生的价值作为纳税对象。通过这一系列的举措，以比特币为代表的加密货币交易被纳入美国与之相关的法律监管当中。

（二）加密货币的法律性质界定

各国或严、或松、或放任的态度，与对加密货币的法律性质认定密切相关。

首先在欧洲存在一种趋势，即倾向于将加密货币认定为货币进行监管。[①]德国也承认了加密货币的价值，但是金融监管局（Bundesanstalt für Finanzdienstleistungsaufsicht，BaFin）并非将其作为法定货币，而是类似于外币的记账单位。在法国，加密货币作为货币的地位被以更加侧面的方式证明——商事法院判定比特币交易机构为金融中介，间接地承认了比特币的货币属性。欧盟法院 C-264/14 号决议显然明确了欧洲司法管辖区倾向于认定加密货币为货币的趋势，案件的核心是比特币与本国货币的兑换的增值税应税问题，但最后的结论是适用于传统货币的规定也应用于比特币为代表的加密货币，隐含地宣布了比特币的货币性质。

对加密货币的第二种模式，是将其认定为一种商品。这一点在美国体现得尤为典型，根据美国《宪法》第 1 条第 8 款的规定，铸币权属于国会，美元是唯一合法的货币。美国商品期货交易委员会（Commodity Futures Trading Commission，CFTC）得依"衍生品法令"将加密货币界

① European Central Bank（ECB），Definition of Price Stability，https://www.ecb.europa.eu /mopo/strategy /pricestab/html/index.en.html，最后访问日期：2020 年 3 月 7 日。

定为一种衍生的商品。在中国，五部委下发的《关于防范比特币风险的通知》否认了加密货币作为货币在市场上流通的能力，明确地将之界定为“特定的虚拟商品”。从实践来看，人民币与比特币之间的兑换，并非作为外币的兑换用于支付，而更多使买卖比特币作为一种价值投资，在全球范围内，诸多的个人投资比特币也的确是出于长期投资的目的。

第三种监管方式，是将加密货币作为一种新兴的技术进行监管，并因此创造更多鼓励投资的政策，最为典型的就是英国金融行为监管局的创新项目，亚太诸多国家和地区，诸如澳大利亚、新加坡、马来西亚等，纷纷效仿。作为一项技术，区块链上运行的加密货币，其目的在于通过平等且分散的运行机制——分布式共享账本与工作量证明机制，试图防范风险，实现不损害每一个人的利益，并且试图消除因为传统的账户机制而存在的歧视问题，实现可持续的利益共享。加密货币运行所依托的区块链技术，愈加得到各国政府支持，受到抢占区块链技术应用的市场所驱动。美国政府对新技术发展，尤其是技术产业进步抱持了比较积极的态度，在区块链应用层面体现明显。2019 年 7 月美国参议院商业、科学与运输委员会通过《区块链促进法案》，要求在商务部成立囊括区块链产业发展广泛社会参与的统一工作组，并寻求联邦共识层面的区块链定义，为区块链技术进一步应用和秩序建立奠定基基础。①

（三）加密货币监管的趋势

不同国家对待加密货币管控的态度、法律属性的界定、立法进路的选择有所差异；一个国家在不同时期也可能对加密货币采取不同的策

① 财经新闻：美国参议院商业、科学和运输委员会通过区块链促进法案，载中国区块链新闻网，http://www.chinablockchainnews.cn/bi/2019/07/14/11502.html，最后访问日期：2020 年 2 月 26 日。

略，比较典型的是俄罗斯的做法。根据《俄罗斯联邦宪法》第 27 条，禁止俄罗斯银行（联邦中央银行）发行货币的替代物的规定，俄罗斯财政部先是出台了禁止比特币活动的法案与修正案，规定违法进行比特币活动的行政罚款；2015 年财政部将在俄罗斯进行的加密货币活动列为违法，并进行刑事处罚，[①] 但是随着加密货币在全球范围内扮演愈加重要的作用，俄罗斯也在推进有关加密货币的积极政策，促进了有关加密货币的产业发展，而 2018 年有关货币替代品法案又促使诸多的企业将加密货币兑换为卢布。加密货币监管横向上具有多样性，纵向是一个变化的过程，各国通过自身的行政监管实践，厘清加密货币对传统监管模式进行冲击的特性。

首先，因为交易主体不可识别，加密货币易导致洗钱问题或者其他黑市交易，这是不可否认的事实；由于加密货币的价格波动较大，所以也存在消费风险；伴随新技术而产生的新型交易中介可能会冲击金融秩序；由于区块链上所有的交易信息都是公开的，个人交易虽然经过了加密，但是交易的整个过程仍然处于被透明化的状态，所以个人信息存在较大的风险。当然，加密货币也存在其他新技术共同的问题，比如会加速因为知识、地理、资本而造成的不平等。其次，在权力分配层面，加密货币在区块链上运行，也可能造成与区块链和共享经济背道而驰的情形，比如利用信息完成垄断，利用技术规则排斥其他竞争者的加入。这些问题为加密货币的发展提出了监管需求。次之，加密货币的特点不仅在于加密，更在于自主，通过点对点的交换，对于个人来说去除了中介的影响，同时掌握了自身的数字身份，那么过去侧重于对中介机构监管

① 崔冬、万晨：《数字货币国际监管的发展动向及对我国的启示》，《征信》2016 年 10 月 18 日。

的体系可能会面临失控的风险，但是中心化的结构也因此从保护当中解放出来。个体用户拥有了对个人财产更大的自主权，不再绑定于第三方结构，能够实现同线下财产真正的分离。再次，加密货币较之于传统的金融服务，大量节省了基础设施的建设，但是在边界上更加具有模糊性：一方面模糊了金融的边界，也拓展了金融服务和产品的延伸，另一方面，突破金融生态，可能发生货币替代，因此私营部门和公共管理部门的责任应当被重新分配，公共职能部门的创新能力和私营部门的公共责任应当被强化。最后，在规范层面，“离岸”“小额”“分散”等词汇的界定较之于传统标准发生变化，创造了更多的行政不确定概念，给制度框架造成冲击。

虽然对于加密货币，各国基于本国国情的不同，采取了不同的态度，也制定了不同的政策和法律，但随着技术成熟和产业市场的发展，政府的监管举措也体现出一些共通的趋势，比如寻求加密货币发行或者运行中的政府主导权；健全加密货币制度体系，或者通过立法和法律解释将加密货币纳入既有的法律框架，或者通过反洗钱与反恐融资、公司治理以及税收制度，限制加密货币运行的场所与方式；各国政府针对Libra所体现出的超主权性质，也在寻求积极的国际合作，探寻治理新模式。

四、监管路径：公共领域合作治理的合法性实现

加密货币的产生、发展和可以预见的未来，对于传统的监管模式带来了挑战。我们所熟悉的监管，是建立在公私分立基础之上的。但是加密货币发展依托的区块链技术和经济职能的实现离不开市场主体和技术驱动的自主性实现，货币政策为代表的政治职能必须依赖公权力的确认

和引导。所以对加密货币的监管公中有私、私中有公。这意味着私权利寻求积极地参与公共管理，甚至可以通过一定合理合法的方式去进行公共职能的承担。公权力不仅仅通过听证、调查等方式吸纳行政相对人的意见，也可以允许不同主体同公权力进行讨价还价。在既有的经验当中，监管协商的方式包括行政执法的合作，也包括立法中的技术参与。外包的业务从侧重于行政服务、公共生活，也开始涉及审查、审批、许可乃至处罚等公权力的核心手段。毫无疑问，当今的监管职能正面临深层次的改革，既有的监管模式从单一的管理转向服务，现如今可能再次转变，走向合作。

（一）**以双链结构作为技术架构的规则嵌入**

加密货币自身的发展历程，代表了一种合作治理的趋势。从 1988 年离线交易的产生，1995 年电子现金方案，到区块链工作量证明机制，加密货币在区块链上运行十年后，央行在 2017 年参与并主导基于区块链的交易平台测试，① 这是中心化系统的突破，社会化的尝试，与公私部门合作的治理方式的体现。

如果货币数字化的方案是去中心化的加密货币发行规模扩大，公有链运行模式将被更加广泛地应用，随之而来的问题是缺少有效的节点或者机构来协调加密货币的流通，纯粹的技术问题难以由政府进行监管，有效的货币政策无法实施，进而导致持续的经济衰退。所以加密货币中的监管问题有的是与技术问题密切结合在一起的。由于区块链应用了加密算法，造成了假名性，所以较之于传统的账户模式，国家监管难度较大。由于进行数据共享和假名性，区块链上的交易很容易进行信息泄露

① 张健毅、王志强、徐治理等：《基于区块链的可监管数字货币模型》，《计算机研究与发展》2018 年第 10 期。

并且不可删除；比如智能合约自动执行，也让合同、加密货币流通、产业经济中的意思自治被弱化，个体的自主性很容易受到技术的捆绑。由于交易行为的依据是技术，不再是法律，那么权利的行使方式、义务的强制性以及责任的承担、权力的分配都有可能出现根本性的变化。因此加密货币需要借助其运行成熟的技术优势。但有的问题必须依靠公权力的渗透，如果完全放任技术的自我发展，既不能实现技术的中立性，也无法促进市场的优化和经济的持续发展。

从技术的发展和应用而言，联盟链对于用户更像是客户端，与传统的服务器中心化的方式区别不大，而公有链具有更强的加密和自主性，但频繁更换数字钱包和地址等方式对于普通用户便利性较差。且单纯的公有链通过不断加密以确保安全性的做法容易导致技术的工具化。因此未来的加密货币在运行机制上更倾向于使用双链结构，以联盟链的方式进行交易信息的记录、确认、存储，并作为形成共识的决策机构，决定系统的状态，同时将联盟链锚定在公有链上，尽可能地保证广泛的用户和群体对联盟链记录信息的监督，并进行广泛的参与。因此加密货币技术发展的趋势也将作为系统内部监督、追溯的能力，以确保区块链被纳入既有的规范体系，进而提升被接受程度，同时发挥经典公有链对隐私和自主性的保证，维持系统的稳定与安全，在此基础上尽可能确保广泛的主体参与和公共治理。

（二）回应性监管中的价值导向

价值之所以在加密货币监管的规则制定中被强调，主要基于三个原因：第一，防止法律与压迫性的融合——区块链架构在不同领域的应用尤其是比特币的诞生和发展是一种知识经济的产物，依据知识创造生产力，作为分配依据，消费知识产品并依靠知识生产在就业市场竞争。反对将区块链纳入监管甚至探索公共管理从区块链中获益的人，对此产生的担忧来自知识经济时代，如同哈贝马斯预言的那样，区块链不再是批判性的基础。在资源分配中占有优势的人将自己的意志内化为被统治者的心理意识，优势者对于弱势者的压迫将在成长的制度中获得合法性意识，[①] 且个体意识和个体权利不仅缺乏了工具，而且丧失了反思的可能。第二，行政法作为监管加密货币的主要依据，体现出明显的回应性特征，例如澳大利亚就是频繁地修改行政法。这种频繁的法律修改带来的结果是对法律整体性和稳定性的冲击。对行政相对人而言，个体对行为产生的法律后果的预见性会受到影响，同时法律的不可知性会造成对执法行为控制力的减低。第三，监管依据回应性的特征除了对执法者素质的强调，还依赖于认识和运行区块链所形成的实践性共识，区块链技术员和“矿工”等精英团体的选择有可能同法律展开竞争，甚至会背离物质世界的既有价值。

技术理性本身就包含着技术工具规则和战略活动两个层次。当我们讨论技术理性和技术中立的时候，也往往是以经验进行有条件的预测。但是战略作为一种分析基础就必然涉及价值系统和普遍准则的推论。加密货币的监管问题，从区块链诞生之初到区块链突破自身的封闭系统，成为技术应用和社会治理的一环，代表着一种目的理性向社会规范的转换。因此失去稳定性和普遍性的形式支持，法律的目的价值就必须被强调，不仅仅是对纯粹工具主义的反驳，更为重要的是证成劳动收入在加密货币运行中作为原初权利的正当性，让加密货币获得其他社会规则诸如道德、伦理和政治的支持。

---

① ［德］尤尔根·哈贝马斯：《作为“意识形态”的技术与科学》，李黎、郭官义译，学林出版社 1999 年版。

（三）合作治理中的行政主体责任

有关加密货币的监管，首先需要执法依据的完善，但法律规则的建立自身存在明显的机制矛盾，一方面法律试图为技术开发创造良好的环境，同时限制有关技术应用，以免对人类和生态造成不可遏制的破坏；另一方面法律必须协调现有的基础设施同区块链技术的融合，防止产业创新对本国既有资源的破坏。在法律依据层面，首先行政权力进一步扩张的趋势体现明显。法律对于新技术的回应所体现出的趋势，是在解决原则性和灵活性的问题，所以当规范中的原则性较强的时候，就留有行政裁量的可能和必要，而较之于刑事和民事普遍性的立法方式，行政的手段更多地被加以运用。① 立法权经由授权向着行政机关转移，特别立法在不断改变着法典作为普遍化的意见，一些特别措施甚至对于传统的法律原则或者模式进行了修改，以至于影响了传统的法律机能。规范的第二个趋势是公私权混同为代表的公法和私法领域的突破。较之于20世纪初期出现的法律社会化运动，加密货币的立法趋势更加明显体现出对个人价值的再思考，以及对国家权力同社会机构拓展空间权力的共同需求。在新的立法中，虽然增长社会福利始终是追求，但公权是以扩大私权为基础，同传统的公权力与私权利在空间领域彼此的挤压，权力与自由扩展体现出同构性。第三个趋势是有关加密货币的行政立法突破了各国的立法传统，并非是在寻找自然法或者实在法的正当性依据，也并非在民族精神或者习惯法当中发现法律，体现出更多的构建性。

诸多学者已经意识到区块链的去中心化技术特征和中心化的实践问

① 易继明：《技术理性、社会发展与自由——科技法学导论》，北京大学出版社2005年版。

题，加密货币的监管需要利用定量的方法，比如 Libra 的节点控制，也需要明确行政裁量的基准，还需要通过专家意见增强自由裁量权行使的合理性和说服力，以及民主性。任何公共政策可能都会涉及多方参与者，需要整合多种工具，并借助市场、政治、技术、规则等多种机制进行评价，这种对象和工具的多元，是否就意味着合作治理？合作治理强调的是责任。① 里面有两个问题需要明确，第一，健全的责任制度强调职能部门而非私权利，不仅仅要求程序正义，也强调实质理性，比如货币政策的建立，不仅在于决策透明机制，还必须要求结果的实质性评估。第二，自由裁量权的多元利益考量强调控制性要素的确定，但是协商机制应当强调的是适应性问题，要求有关加密货币的政策能够适应新的货币生态。严格依法行政的前提是法律依据的明确和法律职权的履行。货币政策作为公共治理事项，通过立法监督、行政监督、行政诉讼约束公权力机关的行为与其他机制的协调而实现合法性构建。合作治理并不意味着混合行政，即私人部门同政府发挥着同样的作用，所以准许不同类型的加密货币发挥一定的替代作用，但并不意味着其发行主体可以作为货币政策的制定主体，在借助技术优势的同时，传统货币政策所蕴含的监督机制和审查控制也必须向承担节点的机构延伸。因为缺少传统的程序性审查和行政责任的承担，或者是任由公权力部门借助技术或者市场力量造成自由裁量权的不规范，都将威胁治理合法性的实现。

加密货币是技术进步和市场交易发展的结果，其监管问题带有公私权融合的特点，面对新技术、新问题，无论是规范的制定还是权力的行

① ［美］朱迪·弗里曼：《合作治理与新行政法》，毕洪海、陈标冲译，商务印书馆 2010 年版。

使，都体现出多元利益保障的需求。在这一过程中，加密货币发行的方式、技术和系统稳定性强化、跨领域的产业应用具有多样态特征。作为事实状态，可能影响对监管对象的认知，以及监管手段的应用。单纯因为发生机制不同于法定货币而禁止加密货币运行，或者采用单一的金融机构监管模式，从理论构建和实践经验的角度都将影响治理的结果，因此，货币政策的调整对象和调整手段应当兼容并蓄。但从价值选择和责任承担的视角出发，货币不仅是自然共识的发展结果，还是一种社会一致同意的制度性保障，是国家宏观调控工具的一环，因此，政策的制定、货币职能的实现、宏观经济运行的评估，都必须由公权力通过制度构建：经由依据、程序、目的和主体的保障，实现在顶层设计的主体性和责任性层面的排他性特征。加密货币监管的制度逻辑，在于衡量多元利益，借助多种手段，目的在于强化货币职能，服务于货币政策，更好地实现货币治理。

第三节　加密货币的竞争路径与监管策略

目前关于加密货币应用，出现了竞争与监管两种路径：一是各国普遍认识到加密货币的经济价值，竞相通过立法赋予加密货币以法律地位，展示对加密货币的“亲善”形象。2019年脸书发布《Libra白皮书》，在全球范围内引发了一场数字领域的货币战争，各国央行纷纷酝酿推出自己的加密货币，以抢占国内和全球的支付和结算市场。二是针对加密货币启动实质性监管，降低其交易和社会风险。国家对加密货币的态度，从旁观到推行，以获得竞争利益；从放任到监管，以保护交易安全。我国应该改变对加密货币的立场，以表现出“友善”态度。虽然相关部门在法律层面也颁行了一些应对措施，但仍需要借鉴国外经验以完善治理措施。

一、竞争路径：促使加密货币更具活力

（一）针对加密货币的制度竞争

一个国家对加密货币的态度，首要取决于对其法律性质的认识。对此问题的讨论却是从加密货币的上位概念即加密资产展开的。加密货币属于广义的加密资产的一种。在美国怀俄明州于 2020 年 3 月 1 日生效的法案中，加密资产分为三类：加密消费资产、数字证券和加密货币。加密资产属于何种性质，其是否受到法律保护，这些问题在世界范围内并未形成共识。究其原因，加密资产依托于区块链，属于技术创新，难以被纳入既有的法律体系之中。这种对于加密资产的认识分歧阻碍了对其下位概念加密货币的法律保护。

加密资产是指由区块链技术支持的金融产品，具有提高转移效率、降低转移成本，以及增加对金融系统参与并促进交易的优势。加密资产从出现之日起便备受批评，譬如，有人认为加密资产并非成熟的资产类别，缺乏应有的标准，加之其处于不断发展之中，导致了加密资产市场的混乱。还有人认为，“某些加密资产表现出高度的波动性，给银行带来了风险，包括流动性风险、信用风险、市场风险、操作风险（包括欺诈和网络风险）、洗钱和恐怖主义融资风险，以及法律和声誉风险”。①由于这些原因，许多国家要么禁止或者限制加密资产，要么不将其纳入法律的调整范畴。

① 《巴塞尔国际监管机构委员会呼吁制定谨慎的加密规则》，http://www.aliwuya.com/article-2069-1.html。

英国在这方面走出关键一步。2019年11月，英国发布法律声明，确立加密资产的法律地位。该声明的领导者英国高等法院大法官杰弗里·沃斯（Sir Geoffrey Vos）在介绍声明时指出，虽然加密资产具有不同于传统财产的特征，如虚拟性、加密认证、分布式，但仍然具有财产的所有特性，因此属于法律上的财产。对于承认加密资产的法律地位，沃斯法官解释道，“从法律上来讲，加密资产无疑代表了未来。我希望法律声明能够在对科技和法律社区以及全球金融服务产业很重要的地区带来我们所需要的市场信心、法律明确性和可预测性”。英国在法律上承认加密资产，等于赋予加密货币以明确的法律保护，此举的目的在于实现英国全球金融科技资产领导者的地位。①

由于对加密资产的态度分歧，导致各国对加密货币的态度不一：许多国家或地区禁止加密货币的发行和交易，②也有国家认识到加密货币的价值，极力加以扶持，③还有些国家如美国、欧元区国家和英国不禁止加密货币，却也不积极扶持。但是，随着区块链技术以及加密资产在法律层面上被认可，一些之前对加密货币严格控制的国家开始改变其策

---

① 针对沃斯法官的声明，有评论员认为，“该声明是区块链投资和应用未来的重要里程碑。通过清楚地了解加密资产的法律地位，企业可以更加自信地发挥其在转变金融市场和提高效率方面的潜力”。See UK gives landmark statement on cryptoassets，http://m.globallegalpost.com/big-stories/uk-gives-landmark-statement-on-cryptoassets-74649480/.

② 韩国禁止ICO。阿尔及利亚、玻利维亚、摩洛哥、尼泊尔、巴基斯坦和越南禁止所有加密货币活动。卡塔尔和巴林禁止国内加密货币活动；孟加拉国、哥伦比亚、伊朗、立陶宛、莱索托和泰国禁止金融机构为涉及加密货币的交易提供便利。埃及禁止使用加密货币进行贸易。印度尼西亚禁止使用加密货币作为支付手段。越南不允许将加密货币用作合法的支付手段。

③ 瑞士正在创建称为“加密谷”的加密货币行业，通过颁布许多“友好型”法规促进本国的加密货币产业。马耳他通过各种法规打造“区块链岛”。新加坡也在努力成为亚洲的加密货币枢纽。

略，积极推动加密货币的应用。韩国于 2018 年取消了对首次代币发行（ICO）的全面禁令，将比特币作为一种合法的汇款方式。德国开始改变其禁止银行和金融机构向客户销售加密货币的态度。

（二）抢占加密货币发行权

1. 各国对 Libra“群起而攻之”

一直以来，加密货币都被认为是一个相对较小的利基市场，其由专业加密企业主导，并在少数消费者中使用。[①] 但是，脸书借助其全球庞大的用户资源推出 Libra 计划，让各国感受到威胁并采取反击措施。

2019 年 6 月 18 日，脸书发布《Libra 白皮书》，称该项目的目的是服务于全球支付和结算。白皮书中举例指出，在澳大利亚摘水果的太平洋岛民要给家乡汇款 500 美元，可能需要花费 25 美元到 50 美元的费用，但使用 Libra，这种汇款只需要花费几美分。

Libra 与加密货币的不同之处在于：第一，Libra 由现实资产支持发行。以前的加密货币无论是比特币还是以太币，其价值都源于区块链用户的共识，Libra 则不同，它以现实的巨大资产作为货币的发行基础，故称之为稳定加密货币（以下简称稳定币）。Libra 和其他稳定币的不同之处在于，其他稳定币如泰达币（Tether）和双子美元（Gemini Dollar）以 1∶1 比例的美元作为支持，Digix Gold Tokens 以黄金作为支持，其均以单一货币作为支持。脸书拟发行的 Libra 是以一篮子“低波动性”资产如银行存款和短期政府证券作为支持。第二，Libra 不需要传统区块链验证机制。比特币运行在区块链上，每笔新交易都以区块开头，并且

① 据 2018 年的一项民意调查显示，92% 的美国人不拥有任何加密货币，原因是缺乏兴趣或实际需要。See Peter Terlato，Here's Why Americans Aren't Buying Cryptocurrencies，Finder.com，March 20，2018.

由“矿工”（节点）检查和验证，所有随后相关交易按照时间顺序都添加到了区块硬币的末尾，这个过程需要强大的计算力。Libra 也运行于区块链上，但其使用 Merkle 树保证节点的完整性，不需要比特币那样的区块验证机制，可以降低运行成本。第三，Libra 运行在联盟链而非公有链之上。之前的比特币和以太币都运行在公有链之上，任何人都可以随时加入。Libra 基于受信任的第三方（Libra 协会）进行治理，其成员并非开源性质，而是经过许可才可以加入，也只有 Libra 的创始会员（21 个）才能访问区块链分类账。①

《Libra 白皮书》发布后，引发全世界关注。科技企业纷纷叫好，但政府却发出一致反对声音。美国众议院金融服务委员会在半月内连续召开了三场听证会，许多参加的人士猛烈抨击 Libra。世界其他国家也极力反对 Libra。归纳起来，理由主要有五个：一是脸书之前有泄漏用户隐私信息的先例，不值得信任。二是 Libra 由于节点有限，比起以公有链为基础的比特币而言，更容易出现黑客入侵的风险。三是如果 Libra 的储备资产出现灭失和贬值等情况，会出现挤兑风潮。四是 Libra 是美国“美元霸权”的延续，应该引起世界各国政府的高度关注。② 五是作为加密货币，Libra 具有价值波动、保密和隐私、反洗钱、KYC（Know your customer，客户身份识别）、消费者保护和金融稳定等一系列问题。有人指出，在这些问题尚未解决之前，Libra 不应该获准发行。2019 年 7 月 18 日，七国集团财长和央行行长达成一致意见，认为 Libra 提出了

① See Romain Dillet, Libra Currently Looks More Like a Fiat Currency than a Cryptocurrency, Techcrunch (June 18, 2019), https://techcrunch.com/2019/06/19/libra-currently-looks-more-like-a-fiat-currency-than-a-cryptocurrency/.

② 2019 年 9 月 23 日，脸书向外披露了天秤币篮子的组成：美元占 50%，欧元占 18%，日元占 14%，英镑占 11%，新加坡元占 7%，篮子里并无人民币。

“严重的监管和系统问题，以及更广泛的政策问题，在实施此类项目之前，这些问题都需要解决”。①

对于推出 Libra，也有不同的声音。一种观点认为不应该禁止其发行，但需要对其监管。譬如，时任美国总统特朗普认为，“如果脸书和其他公司想要成为银行，它们必须申请银行牌照”。在美国 2019 年 7 月 30 日的听证中，Circle 网络金融公司的创始合伙人、首席执行官和主席指出，国会应将加密货币界定为新型资产，并为加密货币制定适当的规则和豁免条款，以期在健全的风险管理范围内促进技术进步，② 否则，美国将无法享受加密货币带来的好处，也会失去在区块链技术上的领导地位。还有观点认为，作为稳定币的 Libra，本质上属于证券，应该纳入证券法调整范围，相关企业负有披露、注册和报告义务。③

2. 各国竞争：拟推行央行加密货币

在脸书发布《Libra 白皮书》之前，委内瑞拉和马绍尔群岛已经开始推出央行加密货币，瑞典、加拿大、乌拉圭、东加勒比地区八个岛国也正在试点央行加密货币。但是，有些国家央行包括美国联邦储备局、欧洲中央银行、英格兰银行、澳大利亚储备银行、以色列银行和新西兰储备银行反对发行加密货币，理由是法定加密货币可能容易受到黑客攻击并破坏金融稳定。2019 年 2 月，在全球 100 多个市场开展业务的摩根大通，成为第一家创建并成功测试称为“JPM Coin.”法定货币的数字

① See Chair’s Summary：G-7 Finance Ministers and Central Bank Governors’ Meeting，Chantily，France，July 18，2019，http://www.g7.utoronto.ca/finance/180602-summary.html.

② See Examining Regulatory Frameworks for Digital Currencies and Blockchain，https://www.innovation4.cn/library/r44536.

③ 参见 2019 年 11 月 4 日发布的声明，《国际证券委员会组织：稳定币可被视作证券》，http://www.bitcoin86.com/news/48088.html。

硬币的美国银行。[①] 为什么某些国家和大企业发行的加密货币未引起世界各国政府的关注，而 Libra 的发行却能引发如此大的恐慌？这和脸书本身的特殊性有关：[②] 第一，脸书在全球有 50 亿用户和海量社交媒体数据，如果与 Libra 的支付数据结合起来将具有强大的市场变革力量；第二，Libra 生态系统将创建自我增强的网络效果：使用 Libra 的人越多，为 Libra 编写的程序越多，Libra 的新用户则越多。

各国政府害怕 Libra 会威胁到央行的地位。如 2019 年 7 月 30 日美国众议员听证会上，代表们的一致意见是，"像支付和结算这样的基础设施不应该让大型银行或大型科技公司来控制，相反，美联储和其他监管机构需要继续成为银行创新的领导者"。[③] 德国财政部长奥拉夫·朔尔茨指出，"国家主权的核心要素是发行货币，我们不会把这项任务留给私营企业"。[④] 国际机构如金融稳定委员会（FSB）、欧洲银行管理局（EBA）、国际清算银行（BIS）等纷纷表示，应该与国际盟友保持密切联系，防止 Libra 成为法定货币的替代货币，德国、法国、印度、新加坡等国的监管机构也表达了同样的观点。

针对 Libra 威胁的解决办法是推行央行加密货币，这一举措会产生国家与企业之间以及国家之间加密货币的竞争。《Libra 白皮书》发布后不久，2019 年 9 月，法国、泰国、沙特阿拉伯与阿联酋明确表示推进

---

① See J.P. Morgan Creates Digital Coin for Payments，J.P. Morgan，February 14，2019.

② See Dirk A. Zetzsche，Ross P. Buckley，Douglas W. Arner，Regulating LIBRA：The Transformative Potential of Facebook's Cryptocurrency and Possible Regulatory Responses，https://ssrn.com/abstract=3414401，p.15.

③ Opening Statement-Ranking Member Sherrod Brown 7.30.2019-Examining Regulatory Frameworks for Digital Currency and Blockchain，https://www.banking.senate.gov/imo/media/doc/Brown%20Statement%207-30-19.pdf.

④ 参见《德国政府批准一项区块链战略，旨在防止稳定币成为替代货币》，https://www.cebnet.com.cn/20190919/102602266.html。

央行加密货币，10 月，加拿大和委内瑞拉等国家也计划推进央行加密货币。推行央行加密货币，可以产生两个效果：一是可以防止超主权货币发行机构取代央行，同时，通过强大国家信用支持的加密货币更具信用，强监管也可以消除央行加密货币的风险。二是可以借助加密货币冲击甚至替代以美元为主导的国际货币体系，目前该货币体系存在诸多问题，如流动性短缺，政府债券利率下降的压力，以及依赖美联储所导致的不确定性。

但是，发行央行加密货币的难度也较大，由央行发行加密货币意味着从根本上重新设计金融体系，其发展后果很难预测。[①]《Libra 白皮书》发行不久，德国基督教保守党提议发行与中央银行挂钩的数字欧元，以应对 Libra，但德意志联邦银行则基于对货币稳定性的担忧，特别是“数字银行挤兑”，立即予以拒绝。

二、监管路径：促使加密货币合规

加密货币可以极大提升金融市场的经济效率，但也给现行金融体制和社会安定带来极大挑战，目前各国开始设计并实施加密货币监管方案，以促使其合规。

（一）对加密货币分门别类监管

市场上的加密货币种类多样，而且不同种类之间的界限比较模糊，对社会经济带来的影响也不一而足，这给消费者选择和政府监管带来了较大的困扰。这涉及加密货币的性质，关于加密货币的性质，有所谓的

① See Anton Didenko & Ross P. Buckley，The Evolution of Currency：From Cash to Cryptos to Sovereign Digital Currencies，42 FORDHAM INTERN’ L L. J. 1041（2019）.

非货币财产说和货币说，其中非货币财产说又有商品说、证券说、数据说等。在货币说基础上有学者提出准货币的观点。① 加密货币是一个总括性概念，其下不同类型的货币法律性质也不尽一致。一些加密货币如比特币类似于传统货币，具有交易媒介、账户单位和/或价值存储功能，其他加密货币属于权利（权益），性质上更接近金融产品中的证券。学界目前针对加密货币法律性质的弊端是对加密货币作统一性解释，忽视了加密货币形态的多样性，不同形态的加密货币的法律性质不尽相同。

2019 年 1 月 23 日由英国颁布的《加密货币资产指南》具有重要意义，其主要内容是对加密货币的分类和监管作出指示，明确监管机构的职责，并对消费者选择加密货币以及判断交易成本和风险提供帮助。

首先，《加密货币资产指南》将加密货币分为三类：第一，去中心化的加密货币如比特币、以太币等，由于未经国家金融机构发行，该种货币以及从事该类货币兑换的交易所不受监管。但是，该加密货币及其交易所仍要适用《欧盟第五条反洗钱指令》（5AMLD），该指令在 2019 年年底已经转化为英国法律。第二，证券型代币是“与股票、债券或集体投资计划中的单位等传统工具相同或类似”的资产，这些代币系特殊投资，② 适用《被监管行为法令》规定。证券型代币作为一种可转让证券在资本市场上交易，也适用欧盟《金融工具市场指令》的规定。第三，实用型代币是那些让用户可以访问产品，但不授予与证券型代币相同权利的代币。除非实用型代币被定义为电子货币，方可适用《电子货币

① 参见杨延超：《论数字货币的法律属性》，《中国社会科学》2020 年第 1 期。

② 英国金融行为监管局认定代币为“特殊投资”的因素包括但不限于：（1）代币持有人获得合同权益或义务；（2）代币持有人可分享利润（分红）、收益或其他类型的利益；（3）代币持有人对发行方有控制权、所有权或投票权；（4）在项目白皮书中指明或显示出代币为投资；（5）代币可以在加密货币交易所或其他交易所交易。

法令》，否则不受监管。金融行为监管局也表达了一个兜底性意见，即“任何不属于证券型代币或电子货币型代币的代币都不受监管。然而，市场参与者应该注意到，某些使用代币的活动可能会受到监管，例如，当它们被用于进行受监管的支付时”。① 也就是说，当代币满足《金融工具市场指令 II》和《支付服务法令》要求时也会受到监管。

其次，按照《加密货币资产指南》，从事受监管的代币业务企业需要向金融行为监管局申请牌照并获得授权，或满足招股书、透明度等要求而获得豁免，否则，相关人员会负刑事责任。

最后，《加密货币资产指南》也意图营造有利于加密货币发展的沙盒监管环境，即沙盒内的企业将享受金融行为监管局单独的指导、部分要求豁免等政策扶持。

《加密货币资产指南》是传递给加密货币市场的一个利好消息，表明英国政府在加密货币监管方面的中立和灵活态度。从《加密货币资产指南》可以看出，加密货币分为两种：一种是 Coin（货币），比特币和央行加密货币属于此种加密货币，它们是真正的货币，具有流通功能；另一种是 Token（代币），DAO 代币和 Libra 属于此种加密货币，它们除了发挥流通功能之外，还可以行使某种权利，行使权利需要凭证，而代币即为该凭证。可以行使会员权的是证券型代币，其他的则是应用型代币。需要说明的是，代币作为证券本不属于货币，但是借助于区块链以及数字技术开始发挥流通功能。目前最需要关注的是证券型代币，其发行应该贯彻保护投资者利益的理念。从形式上来看，证券型代币的发行必须满足《证券法》要求的各种强制性披露，如应当告知投资者使用

① 参见《英国 FCA 发布加密货币监管最终指南，多类加密资产被明确定义》，http://www.ymcall.com/artinfo/969662562282942964.html。

的是哪种区块链技术，开发代码的技术团队以及该代码是否公开发布，有关代币发行之前进行了哪种网络审核的信息也必不可少。从实质上来看，对非法的证券代币发售行为可以认定为证券欺诈，以保护投资者的利益。这里有一个案例：Dominic Lacroix 与其控制的公司 PlexCorps 通过发行代币从投资者那里筹集了高达 1500 万美元的资金，承诺在不到 1 个月的时间内将支付给投资者的利润提高 13 倍，美国证券交易委员会指控该行为违反了美国联邦证券法的反欺诈和注册规定，并于 2017 年 12 月 4 日向纽约地方法院投诉，以禁止涉嫌欺诈性的首次代币发行计划，地方法院批准了美国证券交易委员会的投诉，并冻结被告资产。①

美国也采取了这种针对不同加密货币设计差异监管思路的灵活做法。2019 年 1 月 6 日，美国得克萨斯州银行业监管部门发布监管指引，规定普通加密货币由于不涉及与法定货币的兑换，不需要按照该州的《货币服务法案》被纳入监管，但是与法定货币挂钩的稳定币应该考虑按照货币兑换的相关法律进行监管。2019 年 10 月 18 日，美国国会发布了题为“稳定币即证券法”的法案草案，该法案指出：“由于托管稳定币的发行方仍然坚持认为托管稳定币不是证券，因此国会应当通过修改‘证券’一词的法定定义以包括托管稳定币来澄清其含义。”② 其结果是，所有适用于股票和债券的法律也将适用于像 Libra 这样的稳定币。

（二）以加密货币服务提供商作为监管“抓手”

对加密货币的监管，到底从哪里入手才更为有效？梳理各国的做法可以发现，加密货币监管的真正抓手应该是以交易所为代表的加密货币服务提供商。2019 年 1 月 14 日，新加坡国会通过《支付服务法案》，目

① See SEC, SEC Emergency Action Halts ICO Scam, SEC press release (4Dec., 2017) https://www.sec.gov/news/press-release/2017-219.

② 《关于美国国会提出的两条加密法规》，http://www.liantiao.com/selv23m。

的是通过服务提供商牌照制度促使加密货币交易合规。按照《支付服务法案》规定，和加密货币业务有关的牌照分为货币兑换商、标准支付机构和大型支付机构牌照。货币兑换商由于业务量小，受监管也较少。标准支付机构和大型支付机构均受到更多的监管。其中加密货币交易所、钱包、矿池、OTC 平台都被视为支付型服务商，需要申请相应牌照以合规化运营。自《支付服务法案》颁布起，相关机构在 6 个月时间内向金融监管局牌照备案。为了延伸管辖，申请牌照的对象不限于在新加坡注册的机构，而是扩大至在新加坡实际运营的机构。申请牌照企业还需要满足反洗钱规定，验证客户身份，并将可疑交易上报金融监管局。申请牌照企业要满足金融监管局对技术安全方面的基本要求。这些企业需要接受金融监管局的定期抽查，避免违规操作，以免受到吊销牌照等处罚。[①] 该法案让新加坡的加密货币行业不再处于监督的灰色地带，也让新加坡步入加密货币监管体系化的国家。

2019 年 3 月 15 日，日本内阁会议通过《金融商品交易法》修正案，为加密货币交易所的牌照申请设定了时限，自 2020 年 4 月（修正案预计生效日期）起，18 个月内未完成牌照申请的准交易所将不得继续运营。

（三）破解加密货币交易的匿名风险

匿名交易是区块链主要的特色，其目的在于提高交易速度并保护用户的隐私。[②] 但是，匿名交易也给监管带来了麻烦，如用于支付的加密

---

① 参见《新加坡〈支付服务法案〉正式通过：交易所均需着手申请牌照》，http://www.sohu.com/a/290337651_100112552。

② 关于匿名是否可以保证用户的隐私存在争议，因为借助于大数据挖掘和分析，可以将交易与交易者关联起来。参见［法］普里马维拉·德·菲利普、［美］亚伦·赖特：《区块链与法律：程式码之治》，王延川译，元照出版公司 2019 年版，第 171 页。

货币成为“隐身货币”，可能成为犯罪分子洗钱和恐怖主义融资的新工具，同时阻碍了执法机构跟踪资金流向。尽管可以在区块链上追踪加密货币交易，但无法立即从数据中识别个人，为了将交易与交易者关联起来，这项工作通常由区块链分析公司秘密完成，但这项工作需要付出较大的成本。

消除交易的匿名性，追踪区块链上的资金和交易成为各国政府加密货币监管的重中之重。这个工作中最核心的是“了解你的客户”（KYC），即掌握和披露交易客户的信息，监管者的目的是能够适时掌握加密货币交易背后的参与者，并确保资金没有用于非法目的。

1. 客户纳税申报方式

征税无疑会增加加密货币交易各个环节的透明度，因为民众需要提供加密货币交易的详细历史和个人信息。2015 年的《欧盟第四条反洗钱指令》要求相互关联的登记机构记录公司和信托的实益所有权（beneficial ownership），并与当地税务机关共享。[①]2019 年 10 月 25 日，韩国总统直属第四次工业革命委员会敦促政府针对加密货币及其交易制定相关税收方案，韩国国民议会也在研究并尽早推出加密货币税收法案，对出售加密资产的资本收益进行征税。[②]英国也采取这个办法，税务与海关总署于 2019 年 8 月要求加密货币交易所向其提供客户身份和交易历史记录，但名义上却是解决加密资产交易平台上的偷税漏税问题。

① See Ozelli，Selva，EU Amends AML Laws for Crypto-trading as US Ponders. CoinTelegraph，Jan. 8，2018.

② 参见《韩国：预计 2020 年开始对加密货币交易征税》，http://www.bitcoin86.com/news/49744.html。

2. 服务商或交易所披露方式

2019 年 6 月，国际反洗钱金融行动特别工作组（FATF）发布了《加密货币监管标准》，提出消除加密货币匿名化的建议：首先，将虚拟资产服务提供商或交易所锁定为监管对象，要求其注册或者登记。其次，该服务商或交易所获取并保存准确的发起人信息和虚拟资产转移的受益人信息，以便在当局需要时提供。服务商或交易所需保存交易记录，并在需要时向有关机构提供。但该种做法也有弊端，批评者认为此举会让虚拟货币交易重新回到电子商务时代，并加重企业和用户的交易负担。虽然反洗钱金融行动特别工作组只是一个政府间组织，其建议不发生法律效力，但却有较强的指导和示范作用。2019 年 10 月 30 日，反洗钱金融行动特别工作组又呼吁各国当局“制定明确的指南或规定，以允许受反洗钱 / 打击资助恐怖主义目的监管的实体使用可靠的独立数字身份证系统”，同时建议受监管机构（加密货币交易所）应该“采用基于风险知情的方法，依靠数字 ID 系统进行客户尽职调查”。①

《欧盟第五条反洗钱指令》于 2020 年 1 月 10 日生效，其目的是提供反洗钱监管机构和欧洲央行之间的数据交换。②《欧盟第五条反洗钱指令》首次将虚拟法定交易所和托管钱包提供商在内的加密服务提供商纳入监管范围，让监管机构有了更大权限去访问更多存储在中心化银行账户记录内的数据。

除了国际组织之外，许多国家也将反洗钱与加密货币交易所挂钩，主要有美国、英国、澳大利亚、日本、卢森堡、爱沙尼亚、菲律宾、泽

① 参见《金融行动特别工作组发布全球数字身份指南》，http://www.bitcoin86.com/news/48022.html。

② 参见《欧盟第 5 条反洗钱法案生效，将对当地加密货币产业产生重大影响》，http://www.bitcoin86.com/news/51030.html。

西岛等，这些国家都颁布了相关的法规。[①]

目前世界各地大多数加密货币交易所通过 KYC 程序来处理加密货币交易，交易者必须将他们的交易所账号与银行账户挂钩，交易所必须为每个用户保留单独的记录和详细的个人信息。基于这样的设计，除了完全去中心化的交易所和不知名的市场，针对加密资产的交易几乎不可能以“匿名”方式进行。

三、我国加密货币的治理策略

（一）加密货币的法律地位：从严格禁止到例外认可

2013 年 12 月，中国人民银行等部委发出《关于防范比特币风险的通知》，指出虚拟货币[②]不属于货币，不得进行交易。2017 年 9 月，我国七部委联合发布的《关于防范代币发行融资风险的公告》明确“虚拟货币不具有法偿性与强制性等货币属性，不具有与货币等同的法律地位，不能也不应作为货币在市场上流通使用”。禁止银行使用加密货币作为货币，禁止首次加密货币发行（ICOs），限制加密货币交易并关闭国内的加密货币交易所。任何国内个人和组织不得在国内以及通过电子渠道从事加密货币融资活动。国内融资交易平台不得从事法定货币与代币、“虚拟货币”相互之间的兑换业务，不得为代币或“虚拟货币”提供定价、信息中介等服务。

---

① See Claire Groden, Edorado Saravalle, and Julia Solomon-Strauss, “Uncharted Waters: A Primer on Virtual Currency Regulation Around the World”, Center for a New American Security and The Center on Law and Security at the NYU School of Law, September 2018.

② 我国执法机构在部门规章以及实际执法活动中使用的虚拟货币、代币、数字货币等，不仅指加密货币，还指并非建立在区块链之上的“货币”诈骗活动。

针对加密货币，过于放任和严苛的监管都并非适当的做法，正确做法是应该从鼓励、指导、监管、打击等多个层次来进行治理。我国目前对于加密货币基本上还是抱着禁止的态度，不允许发行和交易。这种做法一方面难以吸引区块链技术公司和广大的投资者，另一方面也让区块链使用难以有效进行，因为加密货币是推进区块链运行的基础。目前，有地方的民事判决[①]中认定加密货币投资不受法律保护，但是在刑事判决中[②]将篡改地址获取加密货币视为盗窃行为，在一定程度上肯定了加密货币的财产属性。笔者认为，我国应该认可加密货币中的证券型货币，将其发行和交易纳入《证券法》，并将监管重点放在交易所身上。当然对于借发行加密货币之名而实质上却行诈骗之实的行为需要严厉打击。对于洗钱和恐怖主义融资这样严重的刑事犯罪活动，国家均颁布严格和明确的法律予以规制，且努力谋求国际合作而进行规制。

（二）央行加密货币测试

我国是最早研发央行加密货币的国家之一。2014 年央行成立法定数

---

① 从目前国内案例来看，虚拟货币的合法性尚未明确的情况，围绕其发生的投资交易不受法律保护。参见江苏省南京市江宁区人民法院（2017）苏 0115 民初 15868 号民事判决书、广东省佛山市禅城区人民法院（2018）粤 0604 民初 1646 号民事判决书、浙江省义乌市人民法院（2018）浙 0782 民初 1664 号民事判决书。同时需要注意的是，虚拟货币发行融资，本质上是一种未经批准非法公开融资的行为，涉嫌非法发售代币票券、非法集资、金融诈骗、传销等违法犯罪活动。个人持有虚拟货币虽然合法，但风险自担。

② 法院认为，比特币不仅是一种特定的虚拟商品，也代表着被害人在现实生活中实际享有的财产，应当受刑法保护。因此被告人武某某通过互联网窃取了被害人金某的比特币后，再将其售出所得款项计人民币 20 余万元存入个人的银行账户，其行为已构成盗窃罪。参见浙江省天台县人民法院（2016）浙 10 刑终 1043 号刑事判决书。但在之前的一个案例中，法院认为，被告人侵入他人计算机信息系统，获取该计算机系统中存储的数据，情节严重，其行为已构成非法获取计算机信息系统数据罪，比特币被视为数据，不属于刑法意义上的财物。江苏省金湖县人民法院（2015）金刑初字第 00090 号刑事判决书。

字货币研究小组，致力于研发加密货币。为了发布和运行加密货币，央行已向国家知识产权局申请了74项涉及加密货币的专利。2019年7月8日，央行研究局局长王信透露，国务院已正式批准央行加密货币的研发，目前央行正在组织市场机构从事相应工作。8月10日，央行支付结算司副司长穆长春向外界透露，央行加密货币可以说是“呼之欲出”。按照相关报道，我国央行加密货币的特点为：（1）与人民币挂钩，可以1∶1自由兑换；（2）采用商业银行和中央银行的双层制度；（3）属于主权货币，是纸质人民货币的替代；（4）可以脱离网络而进行点对点交易。央行加密货币既不同于比特币，也不同于Libra，属于真正由国家信用支持的法定货币。央行加密货币本身属于货币，与支付宝和微信等电子支付也不同，后者本质上仍然使用人民币来支付。

针对未来出现的央行加密货币，虽然有专家认为可以不再依托区块链，但目前的设计仍然不能离开区块链这个底层技术。伴随着央行加密货币的推行，需要构建新基础设施，用于存储货币数据和内容、共享文件或流式传输的新型分散式基础架构和人们可以控制自己的数据和私人身份信息的新型身份基础结构，这些都需要区块链的“赋能”。在各方努力下，2020年4月14日，我国央行加密货币内部封闭试点测试先行在深圳、苏州、雄安新区、成都及未来的冬奥场景开启。我国率先推出央行加密货币，一方面可以促进国内数字市场繁荣以及物联网等智能化市场的发展，另一方面可以加强我国在国际支付和结算方面的竞争力，实为利国利民的壮举。

（三）破解加密交易匿名化的制度创新

我国还在监管区块链信息服务提供者和使用者、推行交易实名制以及规范加密技术方面具有不同于他国的特色。

2019 年 1 月 10 日，国家互联网信息办公室发布《区块链信息服务管理规定》，要求区块链信息服务提供者[①]（包括节点 IP）及使用者履行备案手续，实名登记在册。按照《区块链信息服务管理规定》第 11 条的规定，区块链信息服务提供者应当在提供服务之日起 10 个工作日内通过国家互联网信息办公室区块链信息服务备案管理系统填报服务提供者的名称、服务类别、服务形式、应用领域、服务器地址等信息，履行备案手续。网信办对区块链信息服务备案信息实行定期查验，区块链信息服务提供者应当在规定时间内登录区块链信息服务备案管理系统，提供相关信息。除此之外，区块链信息服务者还应该履行相关安全义务。

与别的国家相比，我国解决匿名交易的方式更为直接，也更为彻底。《区块链信息服务管理规定》第 8 条规定，区块链信息服务提供者应当按照《网络安全法》的规定，对区块链信息服务使用者进行基于组织机构代码、身份证件号码或者移动电话号码等方式的真实身份信息认证。用户不进行真实身份信息认证的，区块链信息服务提供者不得为其提供相关服务。

除了让交易者信息透明之外，我国还对加密应用进行验证，以实现交易透明化。10 月 26 日，全国人大常委会颁布《密码法》，针对区块链应用中使用较多的商用加密进行规范，密码管理部门应制定商用密码检测认证技术规范，使得基于区块链的加密钱包等业务将有技术标准可循。加密货币必须依靠经批准的监管机构认证的加密系统，且需要接受检测认证，目的在于实现相关业务的规范化运作，并保护用户的合法权益。

---

① 所谓区块链信息服务提供者，是指向社会公众提供区块链信息服务的主体或者节点，以及为区块链信息服务的主体提供技术支持的机构或者组织。

运用高效和便捷的加密货币进行支付和结算正在成为大趋势。[①] 为了获得国家利益的最大化，发布和运行加密货币将成为未来几年大型数字企业之间、企业与央行之间、各国央行之间激烈角逐的领域。[②] 随着央行和企业推行自己的加密货币，必定也会产生新一轮的社会风险，如运营商风险、网络安全风险、欺诈、消费者保护和金融犯罪风险，以及潜在的金融系统性风险和稳定性问题，研究这些风险的成因，寻求解决问题的措施，降低交易风险，维护金融市场稳定是各国监管工作的重中之重。

目前世界各国政府和立法机构都在对加密货币进行实证性梳理，尤其针对纳入监管的加密货币，会推出和完善各种系统性规制措施。区块链服务提供商和交易所等机构成为政府治理区块链生态系统的“切入点”，通过让这些机构备案和申请牌照，起到“以点带面”的效果。在所有监管项目中，反洗钱和打击恐怖活动融资依然是核心，赋予区块链服务提供商和交易所对客户尽职调查义务，获取有用信息，必要时为政府所用。破解匿名交易，让区块链实现实名交易，依然是各国加密货币交易监管不断努力的方向。

【问题与思考】

1. 构成货币的基本要素是什么？

---

① 世界银行估计，全球有17亿成年人没有银行账户，但其中三分之二拥有一部手机，通过加密货币可以获得支付、结算和其他金融服务。另外，目前被人们普遍使用的全球支付和结算工具，如 Western Union 和 SWIFT 非常昂贵，加密货币可以降低支付和结算成本。

② 2019 年 10 月 7 日，乌克兰政府拟制定政策，并计划在 3 年内使挖矿合法化并确立加密货币税收规则。目前也有许多国家如美国和韩国针对加密货币交易征税，2019 年 3 月，日本通过加密资产相关修正案草案，规定加密资产交易所得税率最高可达 45%。

2. 加密货币和法定货币的区别是什么？

3. 加密货币的风险有哪些？

4. 许多国家为什么反对脸书发行 Libra？

5. 破除区块链的匿名风险和区块链的宗旨有无矛盾？

6. 中国央行加密货币的实质就是电子人民币吗？

【参考书目】

1. 王延川译：《区块链与法律》，元照出版社 2019 年版。

2. 王延川、郭明龙译：《批判区块链》，上海人民出版社 2019 年版。

3. 林华、王勇译：《区块链技术驱动金融》，中信出版社 2016 年版。

4. 齐延宏译：《精通比特币》，东南大学出版社 2018 年版。

5. 林华、蔡长春译：《区块链：通往资产数字化之路》，中信出版社 2018 年版。

6. Cales Ludovic and Guégan Dominique. A new token：the commodcoin. what is in it for financial markets? *Communication*，*work in progress*，2018.

7. Dominique Guégan. The digital world：I bitcoin：from history to real life. *Bank Market Investors*，151：20—25，2018.

第三章　区块链 2.0：智能合约

第一节　智能合约的出现

一、智能合约的前身

智能合约是一段存储在区块链上的代码，由区块链交易触发，并且该代码在区块链数据库中被写入和读取。智能合约与区块链属于互补和共生关系。后者是一种俗称“分布式分类账”的底层技术，而前者是该技术的运用，被称为区块链 2.0。当然，需要声明的是，支撑智能合约的代码和自动执行技术在区块链之前就已经存在，但只有与区块链这种分布式分类账技术有机结合之后，传统的智能合约才成为了一种独特的交易工具。

类似智能合约的想法早已有之。20 世纪互联网兴起之时，就有人设想通过计算机执行合约。智能合约这个概念于 20 世纪 90 年代由法律学者兼密码专家萨博提出，大意是可以使用计算机代码代替机械设备来完成更为复杂的交易。具体而言，将合约条款嵌入计算机硬件和软件中生成智能合约。在他看来，自动售货机、销售点终端、大公司间的电子数据交换和银行间用于转移和清算的支付网络 SWIFT、ACH、FedWire 等都属于智能合约的范畴。

在智能合约之前，相似的智能交易工具有自动售货机、启动阻断器和电子合约，下面一一介绍。

自动售货机被定义为在插入硬币或以其他形式（电子现金、信用卡）支付时分配货物或提供服务的自动机器。由于售货机做了物理设定，当用户提供一定的输入值时，售货机就会自动“吐出”用户选中的产品。自动售货机尽管在履行上是自动的，但是自动售货机的卖方——拥有者具有关于合同执行的自由裁量权：他可以介入机器的运行进程（例如，可以关闭它），这样即可以改变交易的结果。在智能合约下，一个缔约方通过关闭其计算机来改变交易结果是不可能的——所有的交易会一直存在并在网络空间中运行。

美国亚利桑那州 C.A.G. 验收公司，业务是提供汽车贷款，条件是如果债务人违约，则公司保留正确使用该设备的权利，以防止汽车启动。用的设备就是启动阻断器。启动阻断器安装在汽车中，允许远程方防止发动机起动。它允许控制起动机断续器的用户关闭汽车。在美国，估计超过 200 万辆汽车安装了这种设备。

电子商务促进了电子合约的发展，比如各种点击式协议。但是，电子合约的问题在于，一方面，此时依然需要书面形式支撑，如发票、收据或交货证明书，特别是当此类电子合约涉及离线商品或服务的购买时，另一方面，这些文件是以电子形式存在的合约的唯一证据或表现形式。

萨博提出智能合约的目的是想追求不受政府干预的“去中心”交易工具，但是，当时所谓的“智能”只是“去纸质”的电子形式，可以让合同产生不同于传统合同的数字性、自动执行等特质，提高了交易效率。但这些“智能合约”依然未突破传统合同的“中心式”架构。由于当时互联网技术的局限性，智能合约只能在网络的单个节点上运行，而多个节点运行无法保证合约的公正性，因为合约的运行譬如签名和执行会出现作弊现象。区块链的出现解决了上述问题，区块链可以容纳多个节点运行，通过分布式技术储存的数据透明，且不可篡改，智能合约终于落地。

2009 年，随着中本聪开发出比特币，以及随后比特币底层技术区块链被发现，重新推动了智能合约的发展。虽然看似“新瓶装旧酒”，但借助区块链，智能合约被重新赋予新的使命，甚至被认为是交易史上的革新。可以这样说，“比特币发现了区块链，以太坊重启了智能合约”。由于智能合约的诸多优势，成为企业竞相追捧的对象。2014 年，俄裔美籍天才少年维塔利克·巴特林（Vitalik Buterin）创立世界上第一个智能合约平台以太坊（Ethereum）。它是目前世界上最大的智能合约平台，旨在“使开发人员在没有中间人或交易对手风险的情况下，根据过去很久以来发出的指令（如遗嘱或期货合约）转移资金，以及许多其他尚未开发的事物，创建市场、存储债务或允诺的存储注册表”。①2015 年 7 月 30 日，该程序的第一个版本即以太坊前沿启动，开发人员开始编写智能合约。以太坊设计哲学的基本思路是其没有“特性”(features)，“想开发自己的金融衍生品吗？使用以太坊，您可以实现自己的想法。想做自己的货币吗？将其设置为以太坊合约即可。想建立一个完整的 Daemon 或 Skynet 吗？您可能需要拥有数千个相互锁定的

① 以太坊平台的核心是以太坊基金会（Ethereum Foundation），其由 Buterin 和 Wood 创立，目的是构建智能合约平台有关的加密货币、法律和财务问题。以太坊上通行的货币是以太币，之所以发行以太币：一方面是筹集资金用于完成网络开发，另一方面是确保在网络上可以使用一种内部加密货币，以防止该程序因使用多种货币而陷入困境。与此同时，基金会也建立了一个对以太坊概念感兴趣的网络系统，并制定网络规则，完善的网络系统成为以太坊的运行基础。同时，基金会开发运行平台所需的软件或寻找开发人员、“矿工”或投资者。至此，以太坊平台得以构建起来。

合约（interlocking contracts），并且一定要充斥其内容，去做吧，没有什么可以阻止您”。2016 年 12 月，在微软纽约市总部举行了“首届智能合约专题研讨会”，宣告 2017 年为智能合约元年。据统计，以太坊每天的交易数量达到百万起。

智能合约产生伊始，就受到金融机构的高度关注，美国花旗银行等金融机构纷纷研发并在业务中使用智能合约。以太坊和根链等智能合约平台开始服务于证券结算、资金众筹、保险理赔、票据兑现、股权交易等金融交易领域。智能合约具有技术上的优势，可以减少交易内容的模糊性，使得各方更可靠地识别交易内容与验证交易义务，从而改变目前对企业有利而对消费者不利的制度框架，[①] 智能合约可以自动执行合约内容，降低交易成本，[②] 极大提高交易效率，为商业和金融界人士所推崇。智能合约自动执行的特征可以规避司法机关介入，保护个人自治。[③] 有学者预言，在未来的商事和金融领域，智能合约会逐渐取代传统合同，成为新时代的交易形式。但对智能合约批评的声音也不绝于耳，有人认为，智能合约部署需要较高的费用，[④] 还有人认为，智能合约由于技术要

---

① See Joshua A.T. Fairfield，Smart Contracts，Bitcoin Bots，and Conusmer Protection，71 Wash. & Lee L. Rev. Online 36（2014）.

② See Max Raskin，The Law and Legality of Smart Contracts，1 GEO. L. TECH. REV. 305，336（2017）.

③ See Max Raskin，The Law and Legality of Smart Contracts，1 Geo. L. Tech. Rev. 307（2017）.

④ See Ed Felten，Smart Contracts：Neither Smart nor Contracts?，Freedom to Tinker（Feb. 20，2017）https://freedom-to-tinker.com/2017/02/20/smart-contracts-neither-smart-not- contracts/（reviewing Karen Levy，Book-Smart，Not Street-Smart：Blockchain-Based Smart Contracts and The Social Workings of Law，3 Engaging Sci，Tech. & Soc'y 1（2017））；see also Jeremy Skarloff，Note，Smart Contracts and the Cost of Inflexibility，116 U. Penn. L. Rev. 263（2017）.

求过高，日常使用并不方便。①

目前国内也出现了智能合约平台，如北京信和云智能合约平台、智能坊等。国际大宗贸易中开始使用智能合约，其中不乏国外金融机构与中国公司之间的贸易。

二、特征

智能合约是一段存储在区块链上的代码，由区块链交易触发，并且在区块链的数据库中读取和写入交易数据。

其一，纯电子形式。智能合约只能以电子形式存在，具体表现为代码，不可能使用任何其他形式。

其二，代码软件。智能合约即代码，需要由专业人员编写。按照代码即法律的规则，代码一经撰写并运行，对当事人具有约束力。但是，这里重要的并非当事人的意思，而是代码这种形式本身绝对发生约束力，不容当事人更改。也就是说，如果当事人的意思和代码中记载的当事人的意思之间不一致时，代码依然发生效力，当事人不得更改。

其三，条件性。计算机代码基于“ifx”“theny”语句。如果设定的条件触发，代码开始自主运行，发生当事人设定的效力。

其四，自动执行。智能合约是一项可自动执行的协议。尽管某些部件可能需要人工输入和控制，但可以通过电脑自动调节。可以通过合法方式执行权利和义务，或通过防篡改执行计算机代码来实施。

智能合约的效力生成与执行都由设定好的软件推进，而不借助于外力。在智能合约下，软件系统收到代码中的指令后开始执行，除非代码

① Karen Levy，Book-Smart，Not Street-Smart：Blockchain-Based Smart Contracts and The Social Workings of Law，3 Engaging Sci，Tech. & Soc’y 1（2017）.

被强制修改，否则人力难以让其停止。由于智能合约可以自动执行，所谓的合约部署和合约履行成为一体，没有履行的合约会退回到合约部署之前，双方也不能向法院主张强制执行。

其五，高度确定性。由于区块链解决了交易对第三人的依赖，更确切地说是交易依赖的不再是独立的第三人，而是机器算法。机器算法具有严格定义的语义和语法计算机语言，排斥解释中的自由裁量。

其六，自足性。智能合约具有独特的意思表现方式、独特的意思生效机制、独特的意思执行机制、独特的裁判官。这些都让智能合约的运行构成虚拟的法律世界，不需要法律制度的支持。

三、智能合约的优势

使用代码与合同软件来运行交易已经存在很长一段时间，但通过区块链运行交易的智能合约才刚刚开始。借助于智能合约，区块链发挥了执行交易的功能，而智能合约则利用区块链的分布式分类账的优势自主运作。

以区块链为底层技术的智能合约与传统合约的运行比较起来，其优势在于以下几个方面：

第一，区块链的共识算法和智能合约的编程语言结合起来，构建出完备的状态机系统，使得智能合约的执行脱离人的影响，可以高效地运行。

第二，保存在区块链里的交易数据，只能新增，无法删除、修改，交易过程透明可跟踪，保证了交易意图和交易结果的一致性，这种永久保存的公共记录作为交易证据，篡改记录的成本太高，避免违约发生，降低了交易风险。

第三，借助于区块链，交易记录分散到各个网络节点上，实现了去中心化目的，避免了中心化架构的手续和信息阻塞的风险，也避免了中心机构修改记录的风险，提高了交易效率，降低了交易风险。

第四，区块链上每个节点的信息具有一致性，这种基于共识算法而形成的统一记录具有很强的证明力。某一个节点最早验算出来，其他节点将其验算结果复制在自己的节点上。当然也会出现分歧，如果能够容忍的分歧就是软分叉，整个链条还是能够保持信息一致性。如果分歧的节点不能够相互容忍，不能保持信息的一致性，就会出现硬分叉，这就是区块链的分裂。

第五，当满足代码中设定的条件时，程序自动执行，避免了约定与执行之间的割裂，同时也避免了违约的发生。正因如此，智能合约不需要依赖第三方执行。消除中间人，大大减少了花费在合约上的总金额。

第六，无第三方介入使得交易从原先的间接交易变成直接交易，这让合约的真实性得以保障，也让合约的执行变得更加高效。智能合约不容易出现断电、节点故障等问题。合约保存在分布式账本上时，不存在放错或丢失的风险。这意味着连接到网络的每个节点都有一份合约副本，并且数据会永远保存在网络上。

第二节　智能合约的结构性特征

一、智能合约的运行逻辑

（一）适用例

智能合约的具体适用如下：李某将出售一部二手电脑的信息发布到区块链上，王某看到后拟购买该电脑。王某将一笔货币转换成数字货币，汇入区块链上的虚拟托管账户，该账户自动控制和管理进入的资金。双方拟定合约条款并通过编程语言编写代码（code），最简洁的代码为“IF，李某将二手电脑转让给王某，Then，王某支付李某 1000 元”。代码设定的条件被验证后，软件自动将二手电脑释放给王某。王某收到相应商品后，向托管账户发送一个数字签名的区块链消息，托管账户将购买金额释放给李某。在正常情况下，无需任何受信任第三方就可以完成交易。如果电脑未交付或有缺陷，双方向第三方仲裁员（一个基于人类的预言机）提交相关信息，仲裁员作出一个裁决，向王某的账户回滚资金。

除了买卖之外，智能合约还广泛用于各种价值和消息传输，在全球支付、银团贷款、抵押品管理、代理投票、证券发行、交易等方面有较为成熟的适用例。由于金融领域有交易高效和精确的需求，因此智能合约目前主要适用于衍生品、期货、掉期和期权等方面。

（二）智能合约与传统合同的分野

区块链技术的主要功能在于保证智能合约交易方交互数据的有效性和同一性，并防止数据被篡改。智能合约的主要功能在于确保交易方得到预定的执行效果。在实现该效果的过程中，智能合约也与传统合同之间出现分野：一方面交易方意志被弱化，另一方面中心架构被消解。

1. 运行逻辑之一：去意志

传统合约的核心是意志，先有交易方的意志，后有意志有效与执行。交易方意思表示一致，合同成立。合同不违反法律、行政法规、公序良俗即为有效，有效合同被执行。但是，上述三个环节均处于割裂状态，而能够维持或者弥补这些断裂关系的则是交易方的意志，这也就是“意思自治”作为合同法基本原则的缘由。

智能合约是一种“去意志”操作。代码吸收交易方意志后，一旦交易方按了按钮，便不可能再掌控代码的运行，代码不能被变更和撤销，也不存在瑕疵给付问题。如果代码并非当事人的真实意志，或者当事人将意志转变为代码后又反悔，原则上都难以改变现状。此时，除非代码中另有规定，否则各方只能通过事后撤销交易确保价值的返还。

由于智能合约具有机器可读性，它们也可以被自动设备和人工智能所使用。通过智能合约，连接到互联网的设备可以进行“机对机”交易，譬如，一辆自动驾驶汽车可以通过智能合约自动支付燃气费或电费，不需要人力干预。此时，智能合约彻底摆脱了人的意志。

2. 运行逻辑之二：去中心

传统交易建立在权威机构的信用之上，即交易方意志有效和执行均需借助于第三方权威机构。之所以如此，是因为交易方的意志里包含追求法律效力和法律强制执行的意志。智能合约用机器执行代替法律执行，也就是说，交易方没有让交易具有法律效力和法律强制执行的意志，而是让交易具有区块链意义上的效力以及由机器执行的意志。因为智能合约的最大特征是法律执行不需要，甚至不可能。所谓不需要，是指合约可以自动执行；所谓不可能，是指法律无法介入机器的执行，介入反而破坏了机器的运转逻辑。从这个角度而言，智能合约不属于法律的合约。智能合约中事先约定条件被触发后，资金或者信息的自动释放和转移，没有任何一方可以控制或停止程序的执行。智能合约的执行具有自动性和强制性：前者只要基于计算机运行，虽然还有些仍然需要人力输入和控制，后者基于权利和义务的强制和防篡改执行。智能合约改变了传统合同的架构，不再以交易方意志和权威机构作为基础，对合同法律体系形成了挑战。

二、智能合约的性质

（一）协议说

智能合约最早的提出者萨博认为，智能合约是一套以数字形式定义的承诺，包括合约参与方可以在上面执行这些承诺的协议。同时，萨博在其另一篇论文中指出，智能合约是一系列嵌入硬件和软件的合同条款，人们通过操作这些硬件和软件，使得违约变得更加昂贵。譬如，不计其数的设备组成物联网，出租人可以通过物联网关闭违约承租人对租赁汽车的访问，直至对方完全付完贷款。此时，可以认定智能合约是对现实合同的执行过程，即使其并非具有法律意义上的合同概念。所以，萨博认为智能合约就是合同条款，也就是合同本身，只是通过新的形式加以表现后，合同履行具有不可逆的特质，违约成为几乎不可能的事情。

（二）代码说

一个被广泛接受的观点是，智能合约是代码。正如吉迪恩·格林斯潘（Gideon Greenspan）对智能合约的定义："智能合约是一段存储在区块链上的代码，由区块链交易触发，并且在区块链的数据库中读取和写入数据。"智能合约的执行是基于区块链上的"事务触发"机制，智能合约包含着一个事务处理、储存机制、完整的状态机，其功能用于接受和处理各种智能合约。所以智能合约可被界定为存储价值的代码，只有当特定的条件具备时才可以打开。

（三）协议与代码的结合

为了全面反映智能合约的内涵，斯塔克提出两种不同的智能合约学说，即法律意义上的智能合约（Smart legal contracts）与技术意义上的智能合约代码（Smart contract code），前者被认为是法律合同或者法律合同的要素，其能被计算机软件所表示与执行，后者主要是指被设计好的代码，当提前设定好的条件得到满足后，其将执行特定的任务。这样的任务通常嵌入区块链并在其上执行。两者之间并非割裂关系，而是相互关联。智能合约由一系列智能合约代码构成，两者结合起来，创造法律上的权利。

（四）自动程序说

区别于传统合同，智能合约具有自动程序执行性质。马克思·拉斯金（Max Raskin）认为智能合约不是法律强制执行程序，而是一种自动程序形式。对拉斯金来说，"自动执行合同是一种先发制人的自主形式，因为机器执行协议不需要诉诸法院"。通过安装启动阻断器，当汽车的承租人不付租金时，出租债权人可以调用启动器断开汽车的使用。智能合约在出租债权人自动收回方面，可以发挥同样的作用。将智能合约视为自动程序机制，准确来说应将重点放在事后执行功能上。区块链与电子合同在记录合同条款、执行合同义务上的功能趋于一致，只有当出现争议或者必须援引合同中的争议解决条款时，区块链才会发挥其特有的作用。即算法执行机制在区块链计算机构上自主运行，取代司法执行。而自动程序说的批判者却认为，智能合约只是典型电子合同往前迈进了一步。从功能上讲，智能合约和电子合同之间的主要区别在于强制执行。智能合约解决违约问题的关键是避免违约发生的可能，不是类似于传统电子合同依靠司法机制保障。智能合约不是添加到合同过程末端的附件，以减轻违约责任的发生。拉斯金类比安装在汽车上的启动器中断，只是在达成协议后引入的一种机制，旨在强制执行其协议。但此机制与智能合约中的协议的实质无关。

（五）代理说

在履行合同之前，智能合约代码可以将比特币或其他加密货币在区块链中挂起而不进行使用。执行步骤要么是完全自动化，要么通过多重签名验证得以实现。为了执行智能合约，各方必须提供其私有加密密钥，指示批准执行先前商定的交易。例如王某通过智能合约的形式向张某购买某特定的数字商品，交易者之间可以选择使用多重签名，在最终执行该合同时，需要三方中的两方（一般三方为卖方、买方、仲裁员）的数字签名。如果买卖双方对合同没有争议，则合同执行。如一方主张违约不履行合同，则由仲裁员通过签名作出最后的抉择。现在诸多企业正在应用智能合约的丰富功能，以新的方式实现代理。例如，CryptoCorp 使用多重签名对比特币交易进行预结算检查，类似于信用卡公司在信用卡受到欺诈或支付超过预设限制时拒绝交易的方式。从严格意义上，智能合约可以实现代理机制的运行。也可以说，智能合约本质上是自主的软件代理。批判代理说的人认为智能合约可以实现代理协议的事实，并不是意味着智能合约就是传统意义上的代理。传统意义上的代理依靠第三人，因为双方交易者不能充当代理。嵌于区块链上的智能合约具有分散信任，而依赖于仲裁员数字签名的智能合约与前者相悖。以上学说只是从某一个角度理解智能合约，并未揭示智能合约的全貌。而要真正窥探智能合约的性质，首先需要了解智能合约的构造。

三、智能合约的构造

（一）本质：结构性行为

传统合同的核心是意志，然后围绕意志的执行产生所谓的中心架构。智能合约属于倒逼法，其目的是自动执行，为了自动执行使得意志呈现为特殊形式。智能合约表现为交易方意志的运行系统，通过一系列的事先设计而得以执行，体现为合约与代码合二为一：合约由代码表示，同时由代码执行。交易方权利义务内容和触发条件被编写为代码；代码经过加密并进入区块链中，代码有效；进入区块链的有效代码可以被执行。关于智能合约的性质虽然有不同解读，但在笔者看来，智能合约是一种结构性行为，不存在传统合约意志产生、有效与执行的断裂，其存在的目的就是实现缔结和履行的一体化。代码的关键不在于对意志的承载，而是可以按照技术逻辑运行，这就是代码即法律的原因。代码使得智能合约高度确定，其运行不再需要人为的自由裁量，从而排除法律的介入。

（二）**合约成立：代码**

在智能合约中，交易方协商彼此之间的权利和义务，开发人员将这些权利和义务通过编程语言转换为代码。为什么要使用代码表现智能合约？因为智能合约的主要功能在于执行，而不仅是意志的合致，代码迎合了智能合约这种功能。

首先，代码是象征性逻辑语言，其可以通过将交易方承诺转变为客观可验证的技术规则让合同内容变得确定，从而纠正传统合约语言上存在的模糊性，以减少交易摩擦。使用代码，智能合约成为以确定性方式执行的逻辑位列（bits），交易各方得以可靠地识别客观可验证义务的履行。相反，非确定性的自然语言导致区块链上众多节点之间难以形成共识，甚至导致网络停滞。

其次，智能合约是格式化的合约形式，交易方只需将自己的意志填写在代码的空白处即可。代码的核心内容为两项：一是触发合约自动执行的条件，二是合约权利和义务。比如，“if X occurs，then Y will be triggered”，该语句则是计算的基础。智能合约的执行只不过是设定条件满足后的软件触发。

```
contract SimpleStorage {
  uint storedData;
  function set(uint x){
    storedData = x;
  }
  function get()constant returns(uintretVal){
    return storedData;
  }
}
```

最后，关于代码的编写应该贯彻“the less is more”理念，即通过代码进行的操作尽量简约，只要具有合约的最基本内容即可。世界上最大的智能合约平台以太坊官方的编程语言是 solidity 语言，它是一种图灵完备语言，可以编写一切复杂的交易，但是，简约主义依然是行业规矩，因为代码内容越复杂，部署合约的成本也就越高。

（三）**合约有效：区块链验证**

在传统合约中，交易方的意志首先仅是私人意志，是否成为法律上受到保护的意志则要经过法律评价，出现争议时由法院认定。智能合约也存在有效问题，只不过该种有效并非来自符合法律规定和公序良俗等规则，而是经过区块链上的验证程序。

智能合约在区块链上运行，应该经过区块链节点的验证，才成为区块链意义上的有效合约，可以被执行。也就是说，智能合约是否有效不再依赖于法律，而是在形式上是否符合节点的验证程序。

在以太坊网络中，作为代码的智能合约以点对点方式在区块链每个节点上扩散。每个节点会将收到的合约先保存到内存中，等待新一轮共识时间，触发合约的共识并处理。共识时间到了后，验证节点会把最近一段时间内保存的所有合约，一起打包成一个合约集合（set），并算出这个合约集合的哈希值，最后将这个合约集合的哈希值组装成一个区块结构，扩散到全网。其他验证节点收到这个区块结构后，会把里面包含的合约集合的哈希取出来，与自己保存的合约集合进行比较，同时发送一份自己认可的合约集合给其他的验证节点。通过这种多轮的发送和比较，所有的验证节点最终在规定的时间内对最新的合约集合达成一致。每个区块包含以下信息：当前区块的哈希值、前一区块的哈希值、达成共识时的时间戳，以及其他描述信息。

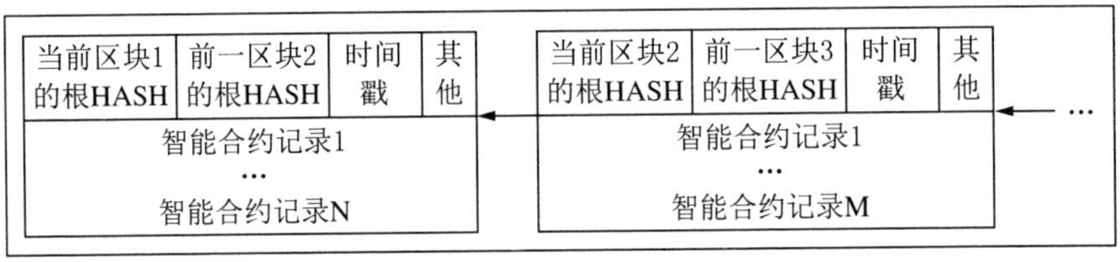

首先，代码要经过区块链节点的验证，才成为区块链意义上的有效合约，方可以被执行。智能合约代码是否有效并不依靠法律解释，而是依靠一个形式化的验证过程，此过程俗称为“挖矿”。“挖矿”就是网络节点（node）用各自的计算资源创建一个区块，该区块是一系列交易的合集（Set）。网络上的所有节点都可以验证区块。每个节点在提交一个区块时都必须提供一个解决数学难题的“工作量证明”，以保证这个区块有效。

其次，区块链上的验证方式是民主化的，也是形式主义和功利主义的，这一点与传统合同的验证方式迥然不同。代码验证通过“矿工”的计算力进行，并采用了多数同意而非一致同意原则，这就节省了验证资源，也让交易尽量有效。但是，这种验证的问题在于无法判定代码本身是否损害国家、社会、第三人甚至交易方的利益。由于采用多数同意原则，如果有人通过买通大多数“矿工”，也可以实现验证结果的逆转，这就是“51% 攻击”问题。

最后，智能合约一旦经过验证即成为区块链意义上的有效代码，不能篡改。区块链自动执行该代码，交易方无法通过意志来阻碍执行，因此，智能合约不存在有效与执行方面的割裂。

（四）合约执行：自动软件

智能合约最适合自动执行许多合约中出现的两种类型的“交易”：（1）确保在某些触发事件下支付资金；（2）如果不满足某些客观条件，程序回滚。在每种情况下，一旦智能合约已部署并开始运行，就不需要人工干预，包括通过可信赖的托管人甚至司法系统进行干预，从而降低了签约过程的执行和执行成本。其具体程序为：

代币存储——智能合约运用事前担保机制，即交易者事先将加密货币与加密财产保存在区块链上，一旦执行条件触发，系统自动划拨货币与财产，如果触发条件失败，自动执行就会回滚。

虚拟机——智能合约是计算机软件程序，在以太坊网络上通过虚拟机解释成字节码后执行。智能合约用户不可能直接编写能够让以太坊虚拟机执行的字节码，用户首先需要用 Solidity 这种高级语言进行合约编写，编写完成之后，再由虚拟机进行编译，生成合约的 BIN（可执行二进制）文件，之后便可以进行合约的部署以及调用。也就是说，以太坊虚拟机是以太坊中智能合约的运行环境。智能合约代码使用以太坊虚拟机，由网络中的所有活动节点以分布式方式运行。以太坊虚拟机被沙箱封装，与外界环境完全隔离，运行在虚拟机内的字节码不会接触到网络、文件系统或者其他进程，甚至智能合约之间也只存在有限的调用，这样可以避免代码之间相互进行病毒传染，防止智能合约平台崩溃。

预言机——甲乙约定甲于早上九点之前将披萨送到乙的女朋友家，然后由乙付款。甲送披萨就是合约触发的条件，但是问题在于，智能合约中没有这样的信息。甲转让不动产给乙时，如果要在以太坊上进行交易，不动产需要转化为非同质通证（non-fungible token），乙向甲支付一定数量的以太币。乙需要相信通证代表着不动产的所有权。如何让网络得知该条件已经具备，这就需要借助某种机制引入外部信息，以实现虚拟世界和现实世界的沟通，这个机制就是预言机。预言机是一种可信任的实体，它通过签名引入关于链外现实世界的信息，从而允许确定的智能合约对不确定的外部世界作出反应。预言机和智能合约高度绑定，因为每个智能合约的应用都需要使用到预言机为它提供链外数据。链外数据的提供者最好不是智能合约的编写者，需要没有利益关联的第三方来提供数据。

智能合约借助计算机软件自动执行。智能合约由程序来判断是否满足执行条件，一旦具备执行条件，计算机软件就会作出“决策”并自动执行。譬如，王某和李某约定10日交付房租后给对方钥匙，王某在4日即打房租给李某，合约的条件被触发，李某的钥匙释放给王某。正是因为计算机软件自己“决策”并执行，代替了法律执行。

第三节　智能合约的风险与治理

一、智能合约的风险

智能合约并不是完美的，存在诸多的局限性，譬如可执行性问题，智能合约对诸如“合理”之类的含糊术语难以执行，如果代码错误或当事方未能审查代码，合约执行不会停止等。智能合约运行过程中会出现许多风险，这里只揭示最基本的自有风险。所谓自有风险，就是智能合约基于自身构造而产生的不可避免的风险。

（一）代码瑕疵

1. 简单的代码与复杂的世界

代码需要专业人员编写，将缔约人的意志以代码方式表现出来。由于以下原因，代码可能难以体现交易方的意志：第一，代码能否准确记录交易方的意志，仍然存在疑问。程序员在起草智能合约代码时，需要对潜在不确定的未来事件作出主观判断、解释和实质性决策，这在一定程度上会掩盖或扭曲各方的意志。如果在传统合约下，会存在合同解释问题，但由于智能合约自动执行的特点，很难进行事后解释。第二，代码可能无法应对现实世界中交易的复杂性。在商业交易中，交易方的权利义务往往难以一开始就确定下来，所以，双方经常以开放式条款履行协议，且条款不断修改，以解释不可预见的事件或双方关系的变化。这就是所谓的关系合同理论。但是，代码并不适合于承载关系性的合约安排。第三，即使上述两个问题不存在，满足交易方所有想法的代码成本过高。智能合约奉行简约原则，代码越简单越好，这样消耗的以太币相对较少。相反，如果代码过于复杂，消耗的以太币就越多。

2. 代码违法

智能合约很容易被犯罪分子所利用，原因有三：第一，代码是一串数字符号，验证节点无法知晓代码的真实内容；第二，代码经过加密，更让验证节点无法获知代码内容；第三，智能合约奉行假名主义，验证节点无法知晓真正的当事人身份。区块链上的“矿工”有能力辨别交易是否在加密或技术上有效，但如果没有额外的背景信息，可能无法辨识交易内容是否违法。所以，代码一旦被部署在区块链中，即使违法，只要有足够的动力让“矿工”来支持区块链，这些系统将继续运行。

（二）代码漏洞

智能合约可以实现确定性交易，确定性意味着代码不能有漏洞，但是凡是人设计的程序都有漏洞，因为有了漏洞，合约便不能在预先设计好的理想状态下运行，而代码本身的正义性便值得怀疑。

开源软件必然存在漏洞。英国学者通过对将近 100 万份智能合约分析后发现，其中有 34200 份智能合约很容易受到黑客攻击。又对 3759 份智能合约抽样调查后发现，3686 份智能合约有 89% 的概率含有漏洞。

2016 年 6 月 17 日，出现了以太坊历史上最大的代码漏洞“The DAO 事件”。黑客利用以太坊上运行的私募基金合约 The DAO 的代码漏洞，将价值 5000 万美元的以太币转移到其私人账户，吊诡的是，黑客的操作手法完全符合代码的逻辑。

危机发生后，以太坊并未立即拿出什么方案加以应对，只是依靠一些白帽黑客尽量不让事态扩展。后来，以太坊官方发言人提出软分叉（soft folk）方案，锁定 The DAO 账号，检查与 The DAO 相关的每个交易地址，一旦发现和 The DAO 有关联就拒绝此交易，实质上是永久性冻结以太币，使得黑客盗取的以太币无法交易。但是，这个方案的问题在于，由于没有收取交易 GAS 费用，攻击者以零成本发起大量无效交易，网络就会瘫痪，各个节点恢复了软件版本，软分叉方案失败。再后来，以太坊又提出硬分叉（hardfolk）方案，通过软件升级修改以太坊软件代码，在第 1920000 个区块强行把 The DAO 及其子 DAO 的所有资金全部转到一个特定的退款合约地址，从而“夺回”黑客所控制的 The DAO 以太币，The DAO 也得以终结。但是，由于许多“矿工”（10%）不认同以太坊的做法，认为其违反了“代码即法律”这一理念，继续在旧算力基础上运行，此为以太坊经典区块链（ETHClassic chain，ETC），与以太坊区块链（ETHchain，ETH）分道扬镳。

该案的启示意义在于：其一，开发者如果没有认真审核，有漏洞的代码无法以足够快的速度被修补，无法促使基于区块链的协议成为高度可靠的系统。其二，有漏洞的代码一旦被发布，根本无法修补。其三，传统合约文本由于锁在抽屉里，非常安全。但智能合约代码是透明公开的，任何用户都可以下载，这给黑客研究代码漏洞提供了条件。其四，符合代码要求的合约操作是否属于一种盗窃行为，虚拟世界规则与现实世界规则的关系开始为学者们所关注。

（三）悔约权丧失

传统合同法的基本原则是合同自治，交易方不仅基于意志缔结和履行合同，也可以基于意志修改和违反合同，甚至决定拒绝履行合同。由于智能合约的自动执行性质，一旦当事人的意志被记载入代码中，在默认情况下合同软件开始运行，除非各方在智能合约中加入修改或停止程序执行的逻辑。因此，计算机软件对代码的自动执行，一方面促进了交易效率，另一方面也构成对交易方意思自治的某种限制。

智能合约奉行平等主义理念，不对交易方身份进行区分。同时，基于假名机制，在智能合约运行中，也根本无法对交易方进行身份区分。智能合约这种封闭的技术运行，无法将保护弱者的人文理念植入，使得消费者保护法和金融消费者保护法形同虚设。

二、智能合约的代码之治

1. 自救机制

自救机制的核心是在代码设计时加入人力因素，让第三方对智能合约进行判断，以预防交易风险的发生。这种机制主要针对代码瑕疵和悔约权丧失问题。

（1）混合协议

代码中多会设定付款条件，条件满足时自动付款。但如果买方坚持要求代码中包括缺陷产品损害赔偿条款，则难以实现，这是因为赔偿条款不够确定，代码无法载入。将智能合约制作成混合协议（Hybrid Agreements），即智能合约主要用传统法律语言撰写，同时将其纳入代码，这种同时要求区块链和法院执行的智能法律合约就是数字和自然语言的混合。这种合约也被称为智能法律合约。

（2）多重签名

智能合约代码需要密钥签名，如果代码由 2/3 密钥确认，就属于多重签名。这其实是在交易方之外引入第三方，由其充当仲裁员。三方建立一个联合账户，如果双方同意，他们的密钥就足以完成交易，如果一方不同意，第三把密钥的持有人就可以通过自己的判断来打破僵局。譬如，买方因为产品质量不合格而不同意，第三方经过认定可以退还买方一定的金额。

（3）预言机

预言机是来自外部系统的数据馈送，它按照一套流程去获取数据，再把获取到的数据反馈给智能合约，同时触发它的相关操作，这就是预言机的工作原理。预言机与智能合约绑定在一起，其功能有二：一是调整智能合约的义务履行，二是传达人类的见解或支持私人争议解决和私人仲裁系统。如果发挥预言机的第二个功能，就可以在智能合约中引入裁判机制，即设定信息提供的第三方为司法机构、仲裁机构，或从互联网上召集的陪审团，第三方可以通过签名的方式介入，阻止有风险的智能合约执行。

2. 自治机制

自治机制由智能合约平台及其“矿工”做出，主要针对代码漏洞行为。

（1）民主决议：“矿工”的作用

“矿工”通过集体行动维护区块链的底层协议。如果代码出现普通瑕疵，“矿工”依然会维护“代码即法律”这一原则。但是，如果出现类似“The DAO 事件”那样严重的代码漏洞，为了应对黑客攻击，可以在社区内发起投票机制，修改区块链底层协议，以阻止代码的运行。

（2）软件更新：平台的裁判权

在“The DAO 事件”中，以太坊基金会分别采取冻结账户和软件更新措施，以阻止黑客利用代码漏洞盗窃以太币的行为。其中软件更新与“矿工”表决的功能相同，都是旨在修改区块链底层协议与阻止代码运行。

无论是民主决议还是软件更新，都需要得到大多数“矿工”的同意。另外，如果有“矿工”不同意上述，就会导致区块链出现分叉。

三、智能合约代码之治反思

传统合同除了当事人双方的意思表示之外，还需要银行、法院等第三方信任机构介入，因此，其呈现为“中心化”架构，而实质是“法律化”架构。由于智能合约依靠区块链网络节点以分布式方式运行，理论界据此鼓吹其为“去中心化”运行架构，并企图排除法律对智能合约的干预。譬如，Ebay 开发的 OpenBazaar 系统，即通过使用智能合约和一个去中心化的司法系统建立全球分散的交易市场，人们可以直接购买和销售产品，几乎没有集中控制和干预。

金融交易作为高风险活动需要行政机关的事前监管与司法机关的事

后审查，随着智能合约在金融交易中逐渐发挥重要作用，其是否需要行政监管与司法审查成为首要问题。对此需要从根本上解决智能合约“去中心化”的认识问题。多数人仍在鼓吹智能合约的“去中心化”属性。一方面，区块链具有分布式、防篡改和算法属性，这些特质帮助智能合约解决了交易中“信任缺乏”问题，进而让智能合约实现“去中心化”目标。另一方面，“代码即法律”，智能合约不需要法律规制。具体而言，所有条款都经预先设定并由代码自动执行从而拒绝法院介入。预言机可以作为智能合约的仲裁者以排斥现实的司法者。但是，也有人认为智能合约需要在“中心化”的场景下运行，因为代码必然存在漏洞，而区块链技术目前还不完全成熟，更因为现实中的交易非常复杂，智能合约依然受到人类错误行为影响，为了限制不公正交易以及保护交易弱者的利益，需要将智能合约纳入法律框架之下。

The DAO 事件打破了智能合约“去中心化”架构，引发实务界对“代码即法律”的热议和质疑。以太坊通过修改区块链协议共识来解决合同当事人利益损失问题，但最终并没有解决智能合约的技术逻辑与法律逻辑冲突，反而在一定程度上加剧了该冲突。美国专利商标局于 2019 年 10 月 4 日公布阿里巴巴提交的一项专利申请，允许第三方管理员在智能合约中发生非法活动时进行干预，但是由谁充当管理员则存在争议。以上两个事例说明智能合约的外部干预是一种客观需求，但干预的路径和界限目前却不甚清晰。因此，检视智能合约的“去中心化”，研究法律介入路径和方法具有重大实践价值。

因此，智能合约纳入法律之治拥有自身的契机。智能合约与传统合同的架构不同，它建立在区块链平台之上，由匿名主体通过代码确立权利义务。首先，合同主体具有匿名属性，即合同双方拥有数字身份，彼此难以知晓对方的真实身份。主体匿名性对现行合同法律体系形成的挑战是，合同主体法律制度名存实亡，而且纠纷发生时如何识别交易主体的身份成为一个难点问题。其次，合同内容具有代码属性，即合同内容由数字代码构成。代码具有确定性特征，但也具有不稳定性，譬如，以太坊事件的问题并非来自区块链，而是来自合同代码的漏洞，代码风险成为主要的合同风险。发生纠纷时如何解释双方的权利、义务和责任将变得非常困难。次之，合同需要平台支持。通过在某个平台（如以太坊、根链）安装合同软件，然后代码自动判断执行合约的所有条款，包括违约和合约条款。为了避免交易结算的混乱与成本的问题，合同记录会保存在区块链上。这也提出一个问题，合同责任与平台责任如何划分。为了降低智能合约的主体风险，需要机构对用户进行监管，对于重大的金融交易需要建立身份验证机制。再次，建立智能合约自然语言备案机制，如日后发生纠纷能够引入司法审查。在司法实践中引入代码识别技术支持，法官与律师可以与计算机专家密切合作，以确保代码能准确体现交易者的自然语言。由于代码本身必须有非常高的确定性，其在每一个执行的节点上，必须产出完全相同的结果，所以，代码编写非常关键，必要时可以引入编写人员的注意义务。最后，构建平台的安全保障责任，同时对交易者和平台之间的责任边界进行明确划分，其目的是让平台成为交易的监管者，同时促使其尽职尽责。当然，具体的措施还需要进一步研究。

四、智能合约法律之治的构架

关于智能合约纳入法律体系的可行性，目前存在较大争议。有研究者主张，智能合约未被纳入法律体系的原因有两个方面：一方面，智能合约具有不稳定性，还需通过更多“试错法”进行检验，过早介入会压制其发展或者让其转入地下；另一方面，智能合约“防篡改”技术特征与法律规制相互冲突。但是，仔细审查后可以发现这两个观点并不能成立：前者放大了智能合约的技术缺陷，一方面，通过自然语言缔结合同依然存在风险，另一方面，正是因为智能合约具有不稳定性，才需要将其纳入法律体系中进行规制。后者过度相信智能合约的技术优势，认为技术精确性带来的必将是公正的结果，而忘了技术会存在缺陷，以及技术在由人控制时也会产生错误等情形。区块链追求“去中心化”的理念，但在实践层面并未完全“去中心化”，比如在The DAO事件中，虽然没有引入法院或者行政机构去解决纠纷，但是平台和“矿工”介入其中救济也属于一种“中心化”的解决机制，因此，所谓的“去中心化”在某种程度上是用一种中心取代另一种中心，但是该种中心化解决方式未能规范化，恐怕产生不利结果。还需注意的是，如果平台依然不能解决危机，最终可能引入第三方、法院或者行政机构进行解决。目前对于智能合约的规制，可以逐渐纳入“法律之治”，具体而言，可以从“两个关系”和“三个方向”展开。

所谓两个关系是指，从交易者身份角度将商事或者金融交易分为两种：一种不涉及消费者的企业对企业交易（B to B），另一种是企业对消费者交易（B to C）。在前一种交易中，由于企业实力相当，司法机关尽量不要介入；在后一种交易中，由于智能合约的运行会剥夺消费者的“反悔权”，司法机关可以大胆介入以审查合同内容。

所谓“三个方向”是指，法律介入智能合约的三种方式：

其一，通过“软法”让第三方介入“企业对企业”智能合约。借助于代码编程人员，在代码中加入利益平衡或者纠纷解决机制。引入人工预言机，将纠纷解决方式与其进行关联。适用多重签名安排，当交易出现失衡时，借助于第三方的密钥阻止合同的最终履行。引入启动断续器条款，当出现不公正事由，诉请法院中止合同履行。第三方介入智能合约的方法由国家制定倡导性法律条款，由智能合约平台具体细化，并提供实践模版，供企业参考。

其二，通过设置“计算机法庭”让司法介入智能合约。司法机关可以重点审查两类智能合约，一是存在损害消费者利益的交易，二是损害国家或社会利益的交易，对此法院可以直接宣告合同无效，并对相关交易者进行处罚。譬如，法院介入智能合约的方式是将“李嘉图合约”加到智能合约之中，这样就可以用文本结合程序的方式，确定智能合约的意图，并在出现纠纷时诉诸法院。但是，由于智能合约代码的技术性和用户的匿名性，司法干预首先会碰到证据与法院管辖的问题。这就需要引入技术专家，例如代码专家对合同内容进行鉴定以及数据挖掘和数据分析专家解决合同管辖问题。

区块链世界奉行“代码即法律”，技术规则决定智能合约的运行。现实的法律能否介入智能合约运行目前存在争议。但是，有越来越多的学者认为，法院最终保留对智能合约法律效力的管辖权，根据存在已久的合同法解释原则，并在必要时借助技术专家帮助，对底层代码进行解释。在发生争议的情况下，当事人也可以向法院或仲裁团体寻求救济，以撤销智能合约。即使智能合约允许基于第三方预言机的替代性争议解决系统，如果仲裁员未能遵守协议中记录的仲裁条款或明显无视法律，法院也可以裁定预言机所作的任何裁决无效。但是，司法介入的前提是在法律上承认代码系合约表现形式。

目前美国多个州承认智能合约的效力。2016 年佛蒙特州法案规定基于区块链的数据可以作为证据。2017年亚利桑那州法案规定：“通过区块链技术保护的签名被认为是电子格式，属于电子签名。通过区块链技术保护的历史记录或合同被认为是一种电子格式，属于电子记录。”2018年佛罗里达州法案规定：“一份合同不能仅仅因为在合同的形成过程中使用了电子记录和该合同包含一个智能条约而被拒绝其合法性。”但是，代码是否可被认定为“语言”存在分歧。智能合约使用的是人造语言而非自然语言，这种语言形式与书面形式、口头形式、电子形式均有不同，可以称之为区块链形式，对该形式的研究有待深化。由于智能合约的特质，会给司法介入带来很大难度。譬如，法官和律师对代码并不了解，所以，司法介入需要法官和律师懂得代码的意义或者借助于“技术翻译”，这样做的成本将大大上升。再譬如，由于区块链用户的假名性质，使得执法机关很难追踪到违法犯罪嫌疑人，法院难以确定管辖权从而启动诉讼，确立交易方资格，以及对不知名的交易方进行救济。

其三，创设新的监管法则让政府介入智能合约。由于支撑智能合约的区块链技术仍在发展，如果未能在一个受监管的环境中得到测试，未知的操作缺陷和漏洞将给交易者带来巨大风险。可以借鉴沙箱（Sand Box）测试，由政府设立技术检测机构，降低智能合约的适用风险。同时，可以对智能合约平台、“矿工”、软件和硬件制造商乃至用户进行监管。也可以设置中立的管理员，必要时干预智能合约的进程。首先，目前并没有通用的自动化手段可以检验一段代码是否包含漏洞或者瑕疵，只能依赖于开发者的自身水平，未来政府可以规定代码开发人员资质应该经过考核，并制定代码测试标准和流程。

其次，针对代码瑕疵与漏洞有两种纠正办法：一是超级用户，二是离线模式。前者将政府作为管理者引入，其可以在特别程序下修改区块链数据库。后者依然是引入政府权威，与前者不同的是，政府不会直接修改记录，而是追踪特定用户，迫使他们修改记录。政府可以通过硬件开发商、软件开发商、网络服务提供商与搜索引擎对智能合约用户进行追踪。但是，二者的弊端在于让区块链本身的“去中心”优势弱化，政府会动辄以此为由介入智能合约运行。同时，追踪交易客户身份的成本较大。该种做法有继续探讨的必要。政府还可能采取以下较为极端的措施降低智能合约风险，比如废除假名机制，要求交易方以真名注册交易账户；在每个计算机节点上建立后门来监控智能合约运行；给平台施加压力，要求客户将法律直接编入代码。

结　语

智能合约通过计算机软件排除第三者在交易中的自由裁量权，其目的在于打造一个“法外世界”，让交易者不再信赖权威机构，只要相信带有密码与算法的机器即可。但是，智能合约会偏离交易的公平性以及对弱势群体的保护，甚至违背交易的合法性，损害社会利益，坚持代码之治存在明显的偏离社会正义问题。从技术和交易层面检讨智能合约“去中心化”运行机制，反思排除法律干预的“幻象”，还原智能合约运行的本来面貌，并将其纳入法律体系之中，将是智能合约规制未来的主要目标。每种技术创新都具有双重性，智能合约也是如此。智能合约具有很广阔的运用前景，但同时也显示出潜在的技术和法律上的隐患。智能合约奉行代码之治，本可以自足发展，但其毕竟为人服务，涉及现实世界人的利益，加上技术本身存在的疏漏，为了保护社会以及交易方利益，不仅需要自救和自治这种非法律治理方式，在一定程度上也需要行政与司法这种法律治理方式。前者已经开始施行，后者则正在探索。虽然代码之治与法律之治的关系还存在争议，但二者并不冲突，因为代码主要为了执行，而法律主要为了救济。但是，由于智能合约的特殊性，法律介入的方式则需要修正。如果智能合约要成为重要的商业工具，则需要代码之治与法律之治携手前行。

【问题与思考】

1. 智能合约是合同吗？

2. 智能合约可以应用的交易领域有哪些？

3. 智能合约是否可以取代司法机关的职能？

4. 法律能否适用于智能合约纠纷的解决？

5. 智能合约对相关合同法律造成哪些冲击？

【参考书目】

1. 王延川译：《区块链与法律》，元照出版社 2019 年版。

2. Nick Szabo，The Idea of Smart Contracts， http://szabo.best.vwh.net/idea.html，1997.

3. Christopher D. Clack，Smart Contract Templates：foundations，design landscape and research directions，arXiv：1608.00771v2［cs.CY］3 Aug 2016 .

4. Werbach & Cornell，Contracts Ex Machina，67 Duke Law Journal 313（2017）.

5. Harry Surden，Computable Contract，UC Davis Law Review，Vol. 46，No. 629，2012.

6. Max Raskin，The Law of Smart Contracts，https://ssrn.com/abstract=2842258，March，2017.

7. Reggie O'Shields，Smart Contracts：Legal Agreements for the Blcokchain，21 N.C. Banking Inst. 177，March，2017.

8. Alexander Savelyev，Contract Law 2.0：Smart Contracts as the Beginning of the Eed of Classic Contract Law，https://ssrn.com/abstract=2885241，2016.

9. Jaccard，Gabriel，Smart Contracts and the Role of Law（January 10，2018）. Available at SSRN：https://ssrn.com/abstract= 3099885 or http://dx.doi.org/10.2139/ssrn.3099885.

第四章　区块链3.0：社会服务区块链

第一节　联盟链支撑社会服务

一、传统社会治理模式检视

传统社会治理模式有两种：一是民众自我管理，二是法定机构管理。民众自我管理的最大问题是集体行动困境。在一个规模较小的社区内，人和人之间的自然信任架构保证交互顺利进行，但在规模不断扩大的社区里，由于自然信任架构的缺失，不利于人们形成合作关系，即使产生合作也更有可能基于利益考量而随意违反，与此同时，陌生人之间更易产生欺诈和掠夺现象。由此，人们开始选择法定机构以催生信任。譬如，通过登记机关确立和转移产权、缔结合约、设立公司，通过金融机构融资和转账，通过政府机关管理身份和资格信息，通过慈善机构接受捐赠，通过法院解决纠纷等。这种通过外力保证社会交互的方式即为中心式信任架构，人们之所以放心交互，主要不是相信对方会守信，而是相信管理者会强制执行约定，惩罚违约、打击欺诈和掠夺行为，这也是当前全世界主流的社会治理模式。

在法定机构管理框架下，中心机构成为各种交互信息的存储节点。但是，信息单一存储节点的问题在于，一方面，信息容易被人为破坏、篡改甚至销毁，虽然通过建立防火墙与持续备份机制可以维护交互记录，但这种层层设计是否会抵挡信息损害值得怀疑。另一方面，掌握信息的人可以便利地利用手中的信息优势谋取私利，容易滋生腐败。以捐赠为例，捐赠信息由法定机构存储，捐赠者只知道自己的捐赠信息，却不知道其他捐赠者的信息，信息的不对称容易导致暗箱操作发生。

就管理权而言，法定机构治理模式属于单向度的，即管理权主要集中在中心机构手中，广大民众属于被管理的对象，没有相应的管理权。但是所谓“社会事乃百姓事”，如果不能发挥民众的主动性，让他们参与社会事务的管理，便难以产生高效的社会治理效果。虽然历史上曾经有很多赋予民众管理权的改革措施，但都因为缺乏相应的渠道，或者民众虽然参与管理，却参与成本较大，因而难以有效形成“人人有责、人人尽责、人人享有的社会治理共同体”的局面。区块链的出现，让这两个难题迎刃而解。

2019 年 10 月 24 日，习近平总书记在中央政治局第十八次集体学习时强调，加快推动区块链技术和产业创新发展，积极推进区块链和经济社会融合发展，发挥区块链在促进数据共享、优化业务流程、降低运营成本、提升协同效率、建设可信体系方面的作用。当前，我们正处于第四次科技革命的重要历史关头，顺应科技与社会融合趋势，以科技支撑社会治理是明智的选择，也是必然的选择。区块链不但解决了民众的交互信任问题，还可以让公众积极参与社会治理，形成协同社会治理模式，最大限度保障公众利益，助推社会善治。当前，如何借助区块链技术，实现社会治理模式创新，助推社会善治，成为摆在我们面前的突出问题。

二、联盟链支持社会服务功能

无论是民众自我管理，还是法定机构管理，都无法完全解决其底层信任架构问题，而区块链这台“信任机器”可以扬弃上述两种社会治理模式。区块链在社会服务方面的应用被称为区块链 3.0。

借助于分布式技术，区块链改变了传统的社会交互模式：首先，由于信任原点并非中心，交互不再依赖中心机构，中心机构不再影响社会交互。其次，交互节点同时生成交互记录，交互者不再需要信赖相对人，相对人也无法影响社会交互。通过区块链形成交互关系，超越了对人的信任，形成了“无需信任的信任架构”。普通民众通过充当区块链“节点”，可以无需彼此信任而直接参与社会交互，与此同时，民众只要在区块链平台注册，就能查看链上信息，对相关的社会交互事务进行监督。这种民众参与社会治理的便利机制有助于实现“建设人人有责、人人尽责、人人享有的社会治理共同体”的理想。

关于区块链对社会治理的支持，首先面临一个选择的问题。经典的区块链即共有链具有开源、透明、防篡改等特点，这些特点虽然在一定程度上可以提高社会治理效率，但也可能给社会治理带来隐患和挑战。区块链的开源性质会导致交互者的隐私泄露。有些交互信息不具备隐私性和敏感性，可以共享，有些则反之。然而，用户只要在区块链平台上注册，就可以通过 App 查看和下载所有的存储信息，这就会导致隐私泄露问题。目前防止隐私泄漏的方法主要是用户假名和加密，但是，通过大数据挖掘，依然可以找到信息和用户之间的相关性。区块链的防篡改性质容易被不法利用。由于区块链上存储着大量公共信息，很可能成为黑客攻击的目标，黑客如果完成 51% 的节点攻击，就可以修改区块链记录。另外，凡是软件或者程序都存在漏洞，区块链也不例外。区块链漏洞会被人利用来篡改交互记录，错误记录一旦形成则难以更改，给社会带来极大隐患。技术上的问题可以通过技术来解决。针对区块链开源和透明性质而引发的隐私泄漏，可以利用信息分离机制，对于那些具有敏感性和隐私性的信息，在区块链上不放入原始信息，而是放入信息的证据，这种操作一方面可以确保区块链节点信息的真实性，另一方面可以保留基础数据的隐私。针对区块链记录被篡改问题，可以由政府发起建立区块链社区平台，一方面对于区块链进行持续检测，保证区块链无漏洞运行，另一方面组织强大的技术力量对抗黑客的进攻。

联盟链是在扬弃传统区块链弊端的基础上产生的区块链形态，可以部分解决后者的问题：其一，节省资源。联盟链区块的验证并非建立在“挖矿”的基础上，而是由投票产生，避免了资源浪费。其二，运行速度快，由于联盟链的节点较少，每个区块的信息存量相对少一些，形成共识的速度较快。其三，信息安全可以得到保障。有些企业和政府机构信息涉及高价值事务或具有敏感性，就可以采用联盟链的形式，因为联盟链的算法、协议和加密技术都会定期由安全专家以及政府进行审查和审计，可以抵御黑客的袭击，实现数据传输的安全性。其四，在联盟链上更容易纠正记录错误，可信节点通过修改其控制的记录副本纠正过去的错误，由于节点之间相互信任，并不会导致区块链网络分叉。除此之外，联盟链在支持社会治理方面还有如下优势：

1. 节点权限的区分

社会治理系统涉及众多的利害相关部门和个人，这些不同部门和个人在区块链上的权限应该有所区分。联盟链可以实现这一点。在联盟链上，可以针对链上信息权利进行区别设计，构建节点权限区分机制。整体而言，节点的权限有信息的发布、审核、验证、投票、记录和查看权利，可以针对不同的节点设计不同的权限：业务单位或者个人可以发布信息，主管机构或者授权组织可以审核发布信息，业务节点可以验证信息、投票表决并记录信息，监督机构和民众代表只能记录信息而不能验证和表决信息。主管机构可以存储和参看区块链数据库的所有副本，业务节点只能存储与本职工作有关的副本，是否可以看到业务处理完整的流转信息，要经过主管机构的审批。

2. 信息流转全程可追溯

区块链可以应用于供应链中，快速精准追溯业务的整个流程，确保商品正确配送，降低商品欺诈，使得商品质量保持最高标准。沃尔玛进行过一项测试，在传统方法下，对商店货架上一包切成薄片的芒果进行追溯，如果到达农场需要六天以上的时间，但是，使用 IBM Food Trust 公司的区块链技术，追溯至农场仅需 2.2 秒。① 如果该追溯技术运用到灾区重建物资供应链中，精准捐赠人可以通过二维码追踪其捐赠物资的配送是否正确，主管机构也可以通过这种办法发现地区或者部门之间是否出现对应急物资的截留。由于可以全程追踪物资流转，对利害相关部门进行事后审计和责任追究也成为现实。

3. 多重监督机制的实现

区块链可以为社会服务提供多重监督。首先，区块链本身就寓示了“连接、共建、共治、共享”的理念，业务节点之间必然形成监督关系。其次，链上可以引入国家监督机构，见证链上交互的可靠和公平。最后，链上交互还可以保证人民群众的知情权、参与权和监督权，这些权利可以通过将民众代表设置成为区块链节点而实现，针对有些信息可以实现开源式审查，每个人都可以登录区块链软件进行审查，最大程度保

---

① See Jessica McKenzie，Why Blockchain Won’t Fix Food Safety—Yet，THE NEW FOOD ECONOMY（Feb. 4，2018），https://newfoodeconomy.org/blockchain-food-traceability- walmart-ibm/.

障人民群众的监督权。

4. 优质大数据的生成

区块链是相关信息的存储，汇集起来可以形成优质大数据：第一，数据非常集中，全都是关于某项事务相关的信息；第二，数据无法篡改，是真实数据，没有杂质；第三，数据按照时间有序排列，可以看到处理事务的发展脉络；第四，数据反映事务处理的整个过程，形成一个信息闭环。这些优质大数据可以用来分析特定事务的发展变化，并为事务的再次实施提供未来决策依据。这些大数据也可以为主管机关所用，提炼出相关的统计资料。

三、社会服务区块链的功能

由于联盟链为完成特定的任务和功能而构建，将效率和客户的需求放在首位，可以保证交互透明，实现用户监督，保持信息真实，简化交互流程，提高社会治理效率。联盟链可以作为社会治理的底层技术，主要应用于身份认证、公证、税务、知识产权、审计、域名、物流、医疗、邮件、签证、投票等领域。

1. 信息存证

区块链透明和防篡改性质让交互信息始终保持真实状态，降低甄别和纠错成本。通过区块链存储考试证书、毕业证书、发票、贷款和纳税文件等信息，可以让相关机构即时在线验证证书或凭证的真实性。

2. 信息追溯

区块链也可以用来监控商品从工厂到消费者的全流程，通过在每个中间交付点对商品包装、认证并加盖时间戳，简化商品分销管理，为消费者认证商品，打击假冒、辨别过期商品以及防止价格操纵提供便利。

3. 事务审查

区块链分布式性质可以让民众有效监督政府事务，遏制贪污腐败。政府囿于人力、物力不能时刻在线监督社会事务，当问题出现后再介入则为时晚矣。区块链可以补充政府监督的不足，譬如，针对捐赠、社会福利发放和精准扶贫等事务，区块链存储所有信息并时时监控流程中的关键节点，作为节点的利害相关人可以在线即时共享和查看相关信息。

4. 信息共享

区块链可以打破信息孤岛，简化交互流程，提高办事效率。信息孤岛是社会治理中的一道难题，老百姓在办理事务时经常要去好几个部门调取信息，然后将信息汇集到一起，这个过程耗时费力。区块链可以解决这一问题，方法是将交互流程的不同部门作为节点纳入区块链之中。譬如，医疗保险程序复杂，患者通常因为畏难而不愿索赔或者放弃索赔，通过区块链将患者、医院、药房、保险公司和其他相关公司链接在一起，保险公司节点上自动生成医疗信息，不再需要患者四处采集信息。将不动产买卖涉及的中介机构、登记机构、评估机构和银行等链接在一起，可以简化不动产的交易流程，减少交易手续。

四、社会服务区块链的具体应用

区块链技术可用于各个行业，包括网络安全、慈善捐赠、精准扶贫、灾后恢复、上市后清算、对账和结算、供应链追溯、贸易融资、产权登记、支付处理、贷款交易、通信和文件核实等各个社会交互领域。这些领域基本上由大机构运行，目前可以通过部分分散的联盟链作为支持，其交互共识过程由预先选择的一组节点控制，政府是其中的一个节点或者主要节点。

（一）**政务服务**

在 2009 年区块链出现之前，爱沙尼亚就一直在使用数字分类账技术（DLT）进行公民服务，目前是最著名的基于区块链的数字政府和电子居留计划的所在地。[①] 只要花费 30—60 分钟以及 100 欧元，任何人都可以成为该国的电子居民。爱沙尼亚的电子居民可以使用基于区块链的政府门户网站创建数字身份，筹划商业计划，建立银行业务关系以及执行业务文档。另外，政府在选举投票、教育、司法系统、立法和其他公共服务领域均使用了区块链技术，成为“区块链政府”的典范。迪拜不甘示弱，计划在短时间内成为首个由区块链驱动的政府。迪拜将实施解决方案，以使所有政府交易都能在区块链上进行，这是“智能迪拜”倡议的一部分。迪拜已成为该领域的先驱区块链应用程序的全球空间，并已大大降低了与当前官僚程序相关的经济成本。在迪拜，签证、许可证、执照和账单支付每年需要 1 亿个文档，政府相信通过无纸化系统也可以节省 15 亿美元，或每年有 2510 万小时的生产力。迪拜每年从 200 多个国家 / 地区进口 2000 亿美元的食品。迪拜已启动了一项将其食品安全协议数字化的计划，并将采用区块链技术作为其中支持技术。许多公司也希望利用区块链解除管制效应带来的新贸易环境。

（二）**不动产登记**

有学者指出：“土地注册记录是维护土地记录的可靠方法，但是它们昂贵且效率低下，而区块链技术可以作为更可靠、更便宜、更高效的

① E-Residency 2.0 White Paper，E-ESTONIA（Dec. 18，2018），https://e-estonia.com/wp- content/uploads/faq-a4-v02-blockchain.pdf.

土地注册的基础。”① 尽管当前区块链之外的许多注册管理机构都在使用在线土地注册流程，但仍需要进行一些包括付款在内的手动流程。使用区块链可以避免一方违约而不付款的问题，通过智能合约，不动产所有权和付款均自动执行。在海地，自然灾害、强迫撤离以及独裁统治的腐败使人们无法弄清谁真正拥有一个人赖以生存的土地。通过使用可公开获得和可验证的哈希值来识别每笔不动产交易，可以解决诸如谁是不动产合法所有人之类的问题。关于不动产流转，目前主要问题有：存在缺陷的文书工作，伪造的签名以及丧失抵押品赎回权的抵押和抵押文件的缺陷损害了财产所有权的适当记录。由此产生的后果是该财产不再具有“良好所有权”，并且不再合法出售，在许多情况下，准买家无法获得任何补救。区块链可以有效解决上述问题。除此之外，区块链还可以解决传统不动产登记领域存在的显著问题：譬如国际市场上的腐败和广泛的财产欺诈，跨境壁垒，缓慢的登记流程，双重注册或所有权以及发展中国家未记录不动产等死资本问题。虽然区块链的适用并不会取代政府在土地登记和监控中的权力，但它将使土地登记的治理更简单和有效。

（三）数字身份

无论是使用加密货币还是智能合约，都需要交易者事先进行数字化渲染，取得数字身份。数字身份可以让交易者保有自己身份的各种信息和隐私，在非区块链应用环境下，交易者需要将身份托管给集中化的机构，而这些机构往往成为主动或者被动的交易者身份信息的泄漏者。基

① Frederick Reese，Land Registry：A Big Blockchain Use Case Explored，COINDESK（Apr. 19，2017），https://www.coindesk.com/blockchain-land-registry-solution-seeking-problem.

于纸质的身份识别系统通常不能跨境使用，因为充当担保人的政府可能是敌对的、无法触及的，或者可能无法作为一个运作的实体存在。但是，即使在国际运动创伤较小的情况下，对政府的依赖可以通过基于区块链的安全数字身份服务来减轻个人所在地政府的负担，减少互动涉及的各方数量，并有可能提高效率和信任度。虽然数字化时代已经到来，但是据权威机构统计，世界五分之一的人口没有合法或官方认可的数字身份。[①] 爱沙尼亚共和国一直在努力利用区块链创建“面向全球公民的数字国家”，如其电子居留计划所示，该计划向所有要求它的个人提供政府发行的数字身份证。受政府作为平台概念的启发，电子爱沙尼亚正试图成为每项政府服务的枢纽，向其所有电子居民提供安全的身份识别系统、公证服务，甚至具有以下能力：经营公司或开设银行账户，而无需涉足爱沙尼亚。如今，爱沙尼亚拥有来自世界各地的 28000 多名电子居民，使之越来越多地在数字层上运行，使人们能够独立于其公民身份或居住地国家与其政府平台进行互动。

（四）替代金融市场基础设施

金融市场基础设施是国家金融体系的重要组成部分。这些系统的安全性和效率可能会影响金融机构的健全性，并且在许多情况下对于金融稳定至关重要。根据 G20 和金融稳定委员会制定的标准，美联储将“金融市场基础设施”（或 FMI）定义为“参与金融机构（包括系统运营商）

---

① Jason Killmeyer et al., Will Blockchain Transform the Public Sector, DELOITTE, at 14, https://www2.deloitte.com/content/dam/insights/us/articles/4185_blockchain-public-sector/DUP_will-blockchain-transform-public-sector.pdf (last visited Jan. 22, 2019); see also Allan Third et al., Government Services and Digital Identity, KNOWLEDGE MEDIA INST. OPEN U. (Aug. 1, 2018), at 5, https://www.eublockchainforum.eu/sites/default/files/researchpaper/20180801_government_services_and_digital_identity.pdf?width=1024&height=800&iframe=true.

之间的多边系统，用于以下目的：清算，结算或记录付款，证券，衍生工具或其他金融交易”，其中“包括付款系统，中央证券存管处，证券结算系统，中央交易对手和交易存储库”。众所周知，现有的金融市场基础设施成本高昂且效率低下。现有的系统技术过时而存在缺陷，跨境付款或交易的结算速度较慢，以及在全球范围内转移资金所收取的高额费用，大型票据交换所或清算系统中风险的集中也困扰着许多人。加密货币已被监管机构和金融业的坚定支持者视为金融系统的一项重大创新，可以节省时间、削减成本并创造就业机会。证券交易所需要一个集中的票据交换所来处理某些金融交易。票据交换所需要纸质记录并依赖银行的个人以确保交易及时、适当地进行。该过程效率低下，并可能导致欺诈和错误行为。现在，使用分类账本技术消除了对集中式授权的需求。所有交易都可以有效地记录在区块链上，从而无需纸质记录和删除人为错误的可能性。

（五）区块链物流

区块链可以快速精准追溯物资的整个流程，确保物资正确配送，降低物资欺诈，使得物资质量保持最高标准。根据美国药品监督管理局颁发的《药品供应链安全法案》，药品生产公司必须能够在 2023 年之前通过国家跟踪系统准确跟踪其供应链，制造商必须在该系统上将产品标识符粘贴到引入供应链中的每个包装或产品上。①

（六）金融合规

金融领域最大的问题是客户具有犯罪背景，如洗钱和为恐怖机构提

① See Title II DRUG SUPPLY CHAIN SECURITY ACT § 581（2018），available at https://www.fda.gov/Drugs/DrugSafety/DrugIntegrityandSupplyChainSecurity/DrugSupplyChainSecurityAct/.

供资金。了解你的客户（KYC）成为金融机构反洗钱工作的基础，并有助于发现和预防犯罪行为。但在金融领域，KYC 效率低下，过程繁复，存在重复劳动和错误风险，让这项工作变得成本过大，同时又会对客户体验产生负面影响。根据汤森路透（Thomson Reuters）2017 年的一份报告，银行大约需要 24—29 天的时间来招募客户，并且有 12% 的客户由于启动过程烦琐而更换了银行。营业额超过 100 亿美元的金融机构平均花费近 1.5 亿美元从事这项工作。接受汤姆森路透调查的所有金融机构的平均支出为 4000 万美元。①

对于金融机构而言，区块链的无可篡改性和透明性提供了一种简化的方法，可以快速安全地访问干净和更新的客户数据，以此来提高运营效率，增加金融机构之间的信任，同时减少了劳动密集型数据的收集和处理时间以及成本。对于监管机构而言，使用区块链可提供单一的客户数据源，以便更好地了解整个金融机构的客户活动。对于客户而言，机构使用具有区块链功能的 KYC 实用程序可以减少业务处理等待时间，并且无需向其金融服务提供商重复提供相同的信息。2018 年，39 家金融公司在 Corda 区块链平台上完成了 KYC 的全球试用。R3 的 KYC 项目涉及了全球主要金融和银行机构，例如德意志银行、荷兰银行、埃及国家银行，瑞福森国际银行，许多监管机构和中央银行也参与其中，例如哥伦比亚中央银行，波士顿联邦储备银行和哥伦比亚金融监管局。交易在 19 个国家的八个时区进行，其中银行可以请求访问客户的 KYC 数据，客户可以授予或撤销访问权限。R3 的首席执行官 E. Rutter 表示，基于 Corda

---

① KYC Compliance：The Rising Challenge for Financial Institutions，THOMSON REUTERS，at 6，14，https://www.refinitiv.com/content/dam/gl/en/documents/reports/kyc-complia nce-the-rising-challenge-for-financial-institutions-special-report.pdf（last visited Jan. 22，2019）.

的 KYC 应用程序的目标是加快通常“缓慢且耗时”的验证金融交易客户身份的过程，同时注意到对基于区块链的需求不断增长 KYC 解决方案。①

（七）区块链与网络安全

数据泄露是目前全球最为棘手的问题，其中大多数是人为错误，但许多是通过恶意攻击。区块链至少提供了与网络安全有关的四个好处。第一，缺乏中心联系或信息源分散意味着如果一个节点出现故障，数据不会丢失。此外，公司无需聘请第三方来处理或验证交易。第二，加密和验证过程装置提供了一种机制，以确保即使将数据存储在云中也不会对其进行更改。第三，尽管并非不可能，但是区块链具有防篡改功能，人们将不得不同时入侵大多数节点。此外，任何更改或删除数据的尝试都可能会被其他节点注意到。第四，担心外部人士入侵的公司可以使用私有区块链。平均需要大约 7 个月才能发现组织数据的泄露或滥用，而区块链有助于立即发现此类威胁。尽管区块链本身并不能阻止犯罪，但它可以 100% 有效地侦破犯罪。

更具体地说，区块链可以提高数据的完整性、弹性和透明度。一种潜在的用例涉及互联网或物联网。智能设备使公司受益，但带来了安全挑战。区块链的防篡改使其成为保护数字资产并加强身份验证的逻辑工具。英国政府已为马恩岛提供了一项赠款，用于测试该技术以查看其是否可以防止黑客入侵。区块链还可以提供更安全的消息传递。允许员工使用具有端到端加密功能的聊天服务的公司仍然容易受到黑客攻击。区块链可以增加额外的保护层。该技术还可以改变或消除使用被称为公钥

① Helen Partz，Banks and Regulators Complete KYC App Test on R3 Blockchain Platform，COINTELEGRAPH（June 30，2018），https://cointelegraph.com/news/banks-and- regulators-complete-kyc-app-test-on-r3-blockchain-platform.

基础结构（PKI）的加密技术的需要，这种加密技术可以保护电子邮件和其他形式的通信。PKI 容易受到黑客欺骗身份的攻击。将密钥放在区块链上将使身份验证变得更加容易。区块链公司也正在使用该技术来防止分布式拒绝服务攻击并消除域名系统的单点联系，从而降低网站关闭的可能性。

区块链在网络安全方面的效用不是理论上的。美国最大的国防承包商洛克希德·马丁（Lockheed Martin）宣布正在探索区块链在应对网络威胁方面的潜力。洛克希德保留了同一家公司 Guardtime，以保护爱沙尼亚的 100 万健康记录。同样，乌克兰的国防工业也拥抱区块链以允许无密码登录。2018 年 11 月，美国国防部发出信息请求，确认"这些技术对关键数据存储和计算任务的安全性和弹性具有重大影响"，尽管国防部指出用例尚不明确，但这是一个有希望的信号，表明国防部已经加入了其他政府机构，研究区块链以确保网络安全。国防部高级研究计划机构（The Defense Advanced Research Pr oject Agency）已探索了许多用于安全消息传递，供应链管理和硬件保护的区块链计划。

（八）区块链与公司合规审计

审计师在公司营业合规中起着至关重要的作用，因为他们可以确保公司的财务报表不存在重大错报，并且可以确保财务报告的内部控制正常运行。区块链可以帮助审计师实现财务合规。第一，区块链通过实时跟踪公司的商品和相关数据，能够更及时和准确地进行分析。第二，由于区块都经过验证和记录，公司可以使用该技术来提供证据，证明其已遵守法规要求的各个步骤，内部和外部审计师以及监管机构都可以跟踪合规情况。第三，区块链记录带有时间戳且无法销毁，公司可以将交易直接写入联合分类账，这可以改善财务报告并增强内部控制。第四，无论是公司的外部审计师还是内部审计师，都必须保持其独立性，区块链无可篡改性可以保证财务记录的准确性，避免作假。第五，区块链还具有使某些审计交易自动化的潜力，这将减少审计师测试它们的需求。第六，可以减少劳动密集型手动数据提取工作。

加拿大注册会计师协会和美国注册会计师协会（AICPA）已建议其各自的成员了解该区块链技术，因为它“可能会影响所有记录保存流程，包括交易的发起、处理、授权、记录和报告方式。业务模型和业务流程的变化可能会影响诸如财务报告和税务准备之类的后台活动”。① 正如安永会计师事务所对外宣称的那样，使用区块链可以使审计师“专注于结合会计标准确认实物资产的数字表示和合同编纂的有效性，而不是审计交易。这样就可以更加专注于更复杂的交易和内部控制，从根本上改变审计意见的范围和方法”。②

美国注册会计师协会（AICPA）和加拿大注册会计师（CPA）报告所指出的：区块链仍可能存在以下情况，如未经授权，欺诈或非法；在关联方之间执行；链接到“脱链”附带协议；财务会计报表错误分类。③ 因此，审计师必须首先了解区块链的共识协议，以确保其可靠性。尽管

① Blockchain Technology and its Potential Impact on the Audit and Assurance Profession, AICPA（2017）, https://www.aicpa.org/content/dam/aicpa/interestareas/frc/assuranceadvisoryservice s/downloadable documents/blockchain-technology-and-its-potential-impact-on-the- audit-and-assurance-profession.pdf.

② Blockchain：How This Technology Could Impact the CFO, ERNST & YOUNG（2017）, at 4, https://www.ey.com/Publication/vwLUAssets/EY-blockchain-how-this-technology-could-impact-the-cfo/$FILE/EY-blockchain-how-this-technology-could-impact-the- cfo.pdf.

③ Blockchain Technology and its Potential Impact on the Audit and Assurance Profession, AICPA（2017）, at10, https://www.aicpa.org/content/dam/aicpa/interestareas/frc/assuranceadvisoryservice s/downloadable documents/blockchain-technology-and-its-potential-impact-on-the- audit-and-assurance-profession.pdf.

区块链的目标在于消除对可信中介机构的需求，但在审计行业，审计师并不会被“淘汰”，他们将在确保公司和利益相关者信任该技术方面发挥重要作用。审计师将来可能扮演信任输出的作用，如审计智能合约，扮演预言机以确保与规定的触发事件相符；向联盟区块链提供独立保证，确保该架构满足规定的稳健性和稳定性要求；对许可区块链控制优先性进行报告。

第二节　区块链应用案例：突发事件应急物资保障系统

2019 年 12 月，新型冠状病毒肺炎疫情迅速蔓延至全国，威胁广大人民群众的生命安全和身体健康，并造成重大的财产损失。针对这一突发公共卫生事件，全国多个地区启动了一级应急响应机制。在突发事件防控中，应急物资保障是打赢这次“保卫战”的关键。“打疫情防控阻击战，实际上也是打后勤保障战。”① 但是在应急物资数量巨大、种类多样、② 流程复杂的情况下，高效管理和精准配送成为需要解决的重要问题。

① 习近平：《全面提高依法防控依法治理能力　健全国家公共卫生应急管理体系》，《求是》2020 年第 5 期。

② 据称，从 2020 年 1 月 23 日湖北省提出第一批需求清单起，到 2 月 25 日，医疗物资保障组累计向湖北省供应医用防护服 283.64 万件、N95 医用口罩 248.2 万只、隔离衣 92.2 万件、医用隔离眼罩（面罩）82.1 万个、免洗手消毒液 196.25 吨、84 消毒液（5%）11.79 万箱、手持式红外测温仪 15.8 万个，其他大量进口医疗物资也都优先供应湖北，经分拣、检测后作应急使用；累计供应负压救护车 516 台，急需医疗器械产品 38 类、超过 5.5 万台（套），包括 2 月 19 日湖北省提出的 10 类紧缺医疗设备需求，除人工心肺机正通过国际采购和境内外捐赠落实外，其他设备均在一周多时间里通过调用库存和国内生产得到满足。参见中共工业和信息化部党组：《疫情防控期间全力以赴确保医疗物资保障有序有力》，《求是》2020 年第 5 期。这些不包括企业、团体和个人捐赠的物资和金钱。

习近平总书记高度关注应急物资保障问题，在2020年2月14日召开的中央全面深化改革委员会第十二次会议上强调，要建立国家统一的应急物资采购供应体系，对应急救援物资实行集中管理、统一调拨、统一配送，推动应急物资供应保障网更加高效安全可控。

突发事件应急物资保障系统涉及两大问题：一是流转架构，二是信息机制。所谓流转架构是指以何种方式管理和配送应急物资，其实质是权力问题，信息机制是指管理和配送应急物资过程的信息要求及其实现方式，其实质是沟通问题。流转架构需要构建统一应急物资管理和配送流程，并实现权力的优化，调动其中各个环节的积极主动性，以高效安全实现应急物资的保障目的。信息机制要求整个应急物资管理和配送过程的信息公开透明、真实、完整、共享和可追溯。流转架构和信息机制之间存在有机联系，前者是物资管理和配送的物理表征，后者是物资高效管理、精准配送的必要支持，二者互为表里，如何进行流转架构和信息机制设计是应急物资保障的两个支撑点，也是应急物资保障工作机制改革的两条主线。

就流转架构和信息机制而言，我国突发事件应急物资保障系统依然奉行集中模式，这种自上而下和单点辐射的管理思维阻碍了应急物资的高效管理和精准配送，亟待改革。改革的方向是按照党的十九届四中全会科技支撑国家治理能力现代化的思路，顺应应急物资流转的网络化特征，建立扁平式的统一供应链系统，并将区块链嵌入供应链系统，利用区块链算法实现链下链上信息沟通，促使应急物资信息公开透明、真实、完整、共享和可追溯。联盟区块链可以对网络节点的权限进行区分，保证主管机构在其中的主导作用，实现对应急物资的精准追溯，纳入监督机关或民众以构成对“公共资产”分配的多重监管，形成优质大数据，以供主管机构在突发事件决策和统计信息时作为依据。

一、突发事件应急物资保障流转架构的检视

（一）应急物资保障的应然流转架构

突发事件应急物资的流转架构是统一应急物资管理和配送流程中的权力分配，就理论上而言存在两种模式：集中模式和分布模式。集中模式也称为中心化模式，是由主管机构和下级部门共同完成应急物资的管理和配送，即权力集中在主管机构手中，所有环节的主体都听命于主管机构，虽然该模式容易形成统一系统、责任主体明确和号召力强的优点，但自上而下命令和自下而上反馈的层级体制让整个过程的效率变得低下，而且也难免出现底下办事人员的贪腐和妄滥行为。分布模式也称为分散化模式或者市场模式，是将保障体系拆分为不同的环节，每一个环节负责自己的业务部分，并为自己的行为负责。分布模式的实质是将由主管机构独享的权力分配给众多主体享有，这种扁平式流转架构适应了应急物资保障环节主要由市场主体完成的事实，可以刺激应急物资保障环节上每个主体的积极主动性。但是，首先，由于市场主体的盈利目的和应急物资保障这种公益行为的目的之间存在冲突，不同利益主体之间难以形成统一系统。其次，由于行动缺乏统一性，不同环节的主体之间存在较高的协调成本。鉴于两种应急物资保障模型均有弊端，更为现实的应急物资保障模式应该是集中和分布模式的结合，即主管机构构建统一的应急物资保障系统，将一部分权力分给其他市场主体，形成物资供应系统，在主管机构居中指引的同时，发挥市场企业的积极性和主动性，提高应急物资保障效率。

如果实际考察就会发现，突发事件应急物资保障系统非常复杂：第

一，地域较广。突发事件涉及的区域较广，物资需求量大，并非当地政府可以解决，需要上级政府乃至中央政府支持，中央政府也可能需要从别的地方政府处调拨物资。第二，系统性强。突发事件应急物资保障是一个系统，在突发事件的预防、保护、减缓、响应和恢复等各个环节中均有体现，战线较长，不可能一蹴而就。第三，主体多元。突发事件应急物资保障涉及的主体较多，主要有各级政府、应急物资主管机关、各种企业、社会团体、慈善机构、个人等，每个主体发挥不同的保障作用。第四，环节复杂。突发事件应急物资保障涉及应急物资从何而来、用于何处、具体分配等，具体有物资需求、采购或受赠、库存管理、安全检查、配送、运输、验收等众多环节。

应急物资保障系统呈现为一个庞大的有机网络体系，有不同地域的政府力量链接，有突发事件防控的整个流程衔接，有多个利害相关部门之间的合作，也有物资流转之间的环环相扣。经过梳理可以将该网络分为四部分：客户端、管理端、供应端和中间端，所谓用户端是指应急物资需求单位和个人，管理端是指主管机构和底下的协调组织，供应端是物资的购买和汇集部门，中间端是指物资从供应端到客户端的流转环节。

应急物资保障系统的宗旨是提升物资的流动性，让物资快速到达有需求的单位和个人手中，这需要应急物资保障系统中的众多环节之间高效协调，简化手续流程，以提高保障效率。实现上述目标的方法是按照应急物资保障的既有规律，建立一个由不同性质、层级利害相关部门组成的既集中又分布的扁平化网络，实现效益最大化。

（二）现有应急物资集中流转架构的弊端

我国目前的应急物资保障系统分布性较差，主要仍呈现为传统集中模式，由主管机关作出决策并发号施令，中枢机构发挥协调作用，同时委派监督人员跟进，具体表现为：应急物资的流程架构是在国务院联防联控机制的统筹下，建立按日供需精准对接机制和重点企业调度机制，实施国家统一管理、统一调度制度。以医疗物资保障来说，由国务院联防联控办公室统筹，医疗物资保障组协调部分省市党委政府集中本地医用物资，全力驰援疫区，再由工业和信息化部选派 73 名司局级和处级干部作为驻企特派员，赴 16 个省市 56 家重点生产企业和原材料供应企业，确保生产调运全程可控、经营困难及时解决。① 这种单点辐射和“自上而下”模式，优点在于行动统一，缺点是在物资配送的不同环节的衔接处会出现盲区和低效，使得物资需求单位的要求很难快速得到满足。此次疫情防控过程中，医护人员的感染率较高，② 从一个侧面窥见应急物资跟进的效率较差。

应急物资保障的集中模式过于强调中心机构的领导力，将所有的压力也传输给了主管机构，由于主管机构的人员及其能力毕竟有限，无法做到凡事“贯通到底”，办事效率势必开始变低，错误和疏漏也就随之出现。应急物资保障集中模式是主管机构主动下命令，下级部门被动接受并执行命令，这种层层推行和反馈的流程，耗时耗力不说，还会出现信息失真和不断纠错问题，势必耽搁时间，但是在应急物资保障中，时间恰恰是最宝贵的。应急物资管理和配送的权力集中在整个架构的上游，所谓“无权力无责任”，由于下级组织并未被赋予独立权力，只能被动等待指示，容易形成懒政和机会主义思维，为了避免担责而裹足不

① 参见中共工业和信息化部党组：《疫情防控期间全力以赴确保医疗物资保障有序有力》，《求是》2020 年第 5 期。

② 据统计，此次新冠病毒肺炎疫情感染的湖北省医护人员达到 3000 多名，部分原因是疫情前期无法满足不断激增的应急物资需求。

前，出事后相互推诿责任，这也会耽搁应急物资配送的时机。在这次新冠肺炎疫情的应急物资配送中，出现了如下问题：物资分配不均；物资分配存在重大失误；政府有关人员私拿医疗物资；定向捐赠物资并未正确分配等。究其原因，主要是主管机构的“触角”难以到达基层，主管机构给下级组织的指令不能及时达到，物资配送实时审查无法实现，基层工作人员存在机会主义行为等。

由于应急物资保障各部门之间相互依赖性高，因此，应该对目前这种单点辐射和“自上而下”的管理体制进行改革，方法是由主管部门牵头，建立分布式应急物资保障网络，由利害相关部门充当网络节点，多主体联动。

针对应急物资保障也出现了所谓的网络机制，一是主管机关建立的局域互联网平台，如工信部作为国务院应对新冠肺炎疫情联防联控机制医疗物资保障组的组长单位，利用互联网技术建立了国家重点医疗物资保障调度平台，① 但该网络平台在实质上仍然是集中模式，由主管机关自上而下进行管理。另外，网络平台的节点主要是在供应端，而且局限于医疗物资，解决的并非应急物资保障的全局问题。二是由企业主导的物资供应链，如京东在接受应急物资指令后利用自己的供应链系统配送物资，② 由于该配送系统没有和决策管理系统链接，所以这种局部网络只是在执行主管机构的命令，而不能平等互动，仍然是集中模式的延伸。

目前的应急物资网络系统，无论是官方的应急物资信息化管理系统、国家重点医疗物资保障调度平台，还是民间的应急物资供应链系

① 平台网址：http://www.miit.gov.cn/n973401/n7674704/index.html。

② 参见《京东承运的多批次社会救援物资运达　将继续联手中华慈善总会募捐驰援武汉》，https://baijiahao.baidu.com/s?id=1656802754957360351&wfr=spider&for=pc。

统，均呈现为功能单一且节点有限特点，由于只是将部分利害相关部门链接在一起，难以适用跨地域和复杂利害部门联动，即链接基本上停留在供应端和部分中间端，没有与客户端、管理端之间统一链接，未形成“统一的应急物资采购供应体系”，无法实行集中管理、统一调拨、统一配送，难以实现高效安全可控。

二、突发事件应急物资保障系统信息机制的要求与现状

（一）突发事件应急物资保障系统的信息机制要求

应急物资保障的第二大问题是信息机制。在数字化时代，决策需要依赖及时和有效的信息，对于突发事件应急物资保障而言，由于任务紧急，要迅速实现应急物资的精准配送，需要配备有价值的信息机制。所谓有价值的信息机制就是公开透明、真实、完整、共享、可追溯信息及其实现方式。在有价值的信息机制中，信息公开透明是必然要求，信息真实是关键，信息完整是事后审计的基础，信息共享可以实现各个环节的联动，信息可追溯保证实时监控，并且及时追责。

突发事件具有公共性质，非但不涉及政府或者商业机密，还需要防控信息高度公开透明。应急物资无论是国家调拨，还是企业或者个人捐赠，都属于“公共资产”的范畴，而且需要按需分配，得奉行一定的配送标准，但是在突发事件背景下，由于各个单位对应急物资的需求不断变化，配送标准无法客观化，这就需要物资信息公开透明，以保证有效和公平分配，同时也让公众可以及时监督并及时纠正其中的失误行为。具体而言，物资已经分配还是继续存储在仓库中，各个需求机构分配了多少物资，指定捐赠是否分配到位，这些信息都需要公开披露，让公众知晓，并形成监督。

面对突发事件，政府部门需要进行高效决策加以应对，这需要及时、真实和完整的信息，而且决策需要各个部门之间协调，而协调的基础是信息共享。

应急物资涉及千万个家庭的生命健康和财产安全，丝毫不能耽搁，为了实现高效管理和精准配送，需要实时审查和追踪物资去向，一方面快速发现物资质量不合格、物资欺诈、物资违法和违规分配情况，另一方面及时审计，追究责任，督促办事人员恪尽职守。

（二）现有应急物资保障系统信息机制检视

应急物资保障的信息和架构挂钩，也可以分为集中模式和分布模式两种。所谓集中模式是指由主管机构主导物资管理和配送并掌握相关信息，缺点是信息自下而上传递需要成本和时间，同时还会存在报送失真和虚假问题，信息过于集中让信息的公开透明难以实现，会引发不公正现象，也会导致不必要的负面社会情绪，同时信息的真实、完整、共享和可追溯也需要花费很高的成本来实现。所谓分布模式，是指物资管理和配送网络中的不同主体自己掌握信息，然后再统一汇集信息，整合分散信息过程中会出现如下问题：首先，信息整合需要时间，而应急物资保障中需要快速分享；其次，统计、核对信息需要成本；最后，利害相关主体多不愿意交出对自己有价值的信息或者修改对自己不利的信息。由于应急物资保障是公共事务，需要被社会公众监督，而信息掌握在集中机构或者分散在众多主体手中均无法让应急物资保障得到有效监督。

我国已经开发了应急物资信息化管理系统，[①] 通过运用 RFID 标签和条码技术替代现有的应急物资手工管理，从物资入库、相应库区划分、

① 中国应急物资管理系统网址：http://www.fritt.com.cn/product?id=32。

库存、藏套流水和出库等方面进行信息化管理，保证物资安全，便于查询相应物资存放地点，仓库内一切物资操作都将体现在系统之中，做到物资出库情况准确且有据可循。该系统覆盖面广，遍布各地。① 新冠肺炎疫情突发后，工信部建立的国家重点医疗物资保障调度平台，也可以用于收集、统计、分析、监控、调度各类重点医疗物资企业的产能、产量、库存等情况，通过信息化手段提升医疗物资保障的有效性和时效性。

上述两种系统在性质上属于互联网技术的运用，系供应链系统中的仓库管理环节，虽然借助于互联网技术可以让信息传输速度更快，省掉了纸质记录和人力统计环节，但依然存在许多问题：第一，信息集中在主管机构这个唯一的“拥塞点”，这种主节点存储会存在不安全因素，一旦信息被破坏或者被黑客攻击，难以恢复。第二，信息从各个局部分散节点传递给主管机构本身需要时间，也存在信息拥堵耽搁时间的问题，使得信息的传递速度降低；第三，信息存储在主节点，无法进行区分处理，对第三人而言，要么看不到所有信息，要么看到所有信息。第四，互联网平台可以进行快速信息传递，却无法为信息增信，即让信息具有价值却无法保证信息真实、完整、共享。虽然应急物资信息化管理系统可以发挥对物资的追溯功能，却只是局限在仓库管理这个层面，无法对物资进行统一的实时跟踪和事后审计。

三、以区块链重构突发事件应急物资保障系统

我国目前运用的突发事件应急物资保障无论在流程架构和信息机制

① 应急物资信息化管理系统分为部级系统、各省市管局系统、各省市运营商系统、应急物资仓储管理终端四个层级，各个级别之间的应急物资信息逐级上传、保存，形成系统化管理。

方面都存在不尽如人意之处，难以实现应急物资的高效管理和精准配送，这种状况亟待改革。党的十九届四中全会提出要实现国家治理体系和治理能力现代化，尤其要考虑科技在其中的支撑和促进作用。应急物资保障属于国家治理的一个部分，也应该朝着治理能力现代化方向努力，注重科技的支撑作用。改革的方向是：一方面，尊重应急物资保障的客观规律，顺势而为，在流转架构使用供应链技术，构建统一体系，同时发挥所有节点的积极主动性，改变将所有决策压力放在中心机构身上这一现状，另一方面，大胆应用区块链这一“颠覆”技术，将其嵌入应急物资供应链，为供应链系统增信，同时促进应急物资信息的公开透明、真实、完整、共享和可追溯。

由区块链支撑的应急物资供应链系统总共分为三个层次：第一个层次是将经手应急物资的所有利害相关部门连接成一个供应链；第二个层次是将物理世界各种应急物资信息与区块链上信息之间相互沟通；第三个层次是嵌入供应链中的区块链网络自身的运作。

（一）供应链：优化流转架构

应急物资供应链是按照应急物资流转过程中的客观规律进行节点安排而形成的网络，实质上是对集中流转架构的拆分，目的是实现应急物资管理和配送权力的有效配置。

供应链应该将应急物资保障的客户端、管理端、供应端和中间端都纳入其中形成统一体系，具体而言，是将应急物资需求单位或个人、调拨机构和捐赠机构、出货机构、运送机构、验收机构、派送机构等链接起来，物资需求单位或个人在链上发出需要的物资信息，物资调拨机构和捐赠机构在链上提交配送信息，经主管机构审核同意后，发出指令，由供应物资机构出货，然后交予运送机构，经过验收和派送机构等环节最后到达物资需求单位或个人，监督机构或者个人可以通过查看物资流转记录发挥监督作用。主管机构上链后并不会因为平等互联而失掉其领导者的地位，它可以在链上发布指引，敦促各个节点高效行动。

（二）链下链上沟通

链下链上沟通是指链下物资信息和区块链上信息之间的匹配，技术要求是运用区块链技术中的哈希算法使物资信息数字化并被传输到区块上。哈希算法的主要功能是计算区块数据存储所需要的哈希值，①用以形成区块。通过对物资信息进行计算并生成一个哈希值，以哈希值制作二维码，最后将二维码与应急物资关联，从而完成链下物资信息和链上信息数据的匹配。区块链上的各个节点通过扫描二维码识别物资，并向区块链写入新的信息，按照哈希指针和时间戳形成数据链接。

哈希值之所以能够形成链下物资信息和链上数据之间的关联，是因为其具有两个特点：第一，唯一性。当事人给出一个输入值，只能输出唯一的哈希值。第二，不可逆性。通过输入值可以计算出哈希值，但不能通过哈希值反推输入值。哈希值相当于“数字指纹”，其唯一性和不可逆性可以为供应链的防伪追溯赋能，哈希值为物资生成追溯码，一物一码可以追溯记录物资的流转过程和信息。

（三）区块链：造就有价值信息机制

在应急物资保障系统中，需要形成有价值的信息机制，即保证应急物资的信息公开透明、真实、完整、共享和可追溯，嵌入区块链的作用即在于此。

将区块链嵌入物资供应链后，每个节点提交自己环节的相关信息，

---

① 参见［美］阿尔文德·纳拉亚南等：《区块链：技术驱动金融》，帅初等译，中信出版社2016年版，第12—13页。

经过节点验证签名后成为有效区块并存储在区块链之中。互联网信息节点之间的信息需要传递，区块链的机制则不同，其上所有节点上自动生成经验证的相同区块，这种机制克服了互联网信息传递机制的种种弊端。由于所有节点都可以看到所有的区块信息，而且理论上任何加入区块链的节点都可以看到该区块信息，使得区块链上的信息是公开透明的。就区块链生成信息的原因来看，区块内只能添加新信息，不能篡改和删除原信息，保证信息真实。分布式存储让链上所有节点自动生成完全相同的信息，个别节点也无法对信息进行篡改，而且相互之间监督让篡改信息的难度加大。区块之间通过时间戳链接起来，不可分割，形成物资流转的完整数据库。区块链节点共同存储所有的区块信息，这本身就是一种共享模式。区块链上的数据库比较安全，黑客攻击时需要毁掉所有节点上的信息，如果还有一个节点的信息存在，重新构建区块链，整个的信息系统又可以得到恢复。①

区块链的信息库虽然是分布形式，但也具有集中性质，有助于统一信息系统的建立。应急物资的信息模式要么表现为分布模式，如节点各自存储的信息，要么表现为集中模式，如主管机构存储的信息，二者各有弊端，这里不再赘述。区块链结合了这两种信息模式，即区块链上的信息在逻辑上是集中的，只有一个统一的信息库，但在物理上却是分布的，不同节点保存该信息库的副本，没有主副本。② 区块链通过分布式

① 关于区块链特点的详细描述，请参见［法］普里马维拉·德·菲利普、［美］亚伦·赖特：《区块链与法律：程式码之治》，王延川译，元照出版公司2019年版，第45—60页。

② See Albert Wenger，Bitcoin：Clarifying the Foundational Innovation of the Blockchain［EB/OL］. Continuations，Dec. 15，2014，http://continuations.com/post/105272022635/bitcoinclarifying-the-foundational-innovation-of.

分类账技术实现“全民（统一）记账”的功能，代替中心机构的单一存储信息。区块链众多记录信息的节点并非孤立，而是处于不断通信状态，保持信息记录同步的规则称为共识机制。共识机制意味着每笔交易只有一个唯一和有效的记录，即使一笔交易被记录在分类账的许多副本中，这些记录也必定保持一致。区块链产生了两个根本优势：其一，分布式分类账的内容是同步和同一的，而且只能添加，不能移除和修改；其二，单个分布式分类账代替了许多为了保持一致而必须协调的私人分类账，从而降低了交易成本。在区块链信息存储机制中，主管机构可以实时获得应急物资流转信息，同时可以通过技术限制其他节点的信息查看权限。

由区块链支撑的物资供应链系统，信息可以自主形成统一系统，不再需要像互联网系统那样进行信息传输。每个节点按照数学逻辑验证、记录的信息具有真实性，并相互监督，防止篡改，构建可以信赖的体系。区块哈希函数指针和时间戳代表了物资流转信息的精准序列，可以保证信息的完整，优化业务流程，无缝衔接和无纸化办公降低运营成本。众多节点彼此记账，同时生成信息库副本，进而实现数据共享，提升协同效率。

区块链被誉为“信任机器”，可以代替交互节点之间以及节点对中心机构的信任，降低协调和管理成本，同时避免发生纠纷。将区块链嵌入应急物资保障供应链，其实质是向物理意义上的供应链嵌入信任体制，由于物资流转有了经验证且不可篡改的分类账的支撑，使得物资流转过程中的每一个步骤都能得到信任。供应链中的每一个利益相关部门，从应急物资需求单位或个人、调拨机构和捐赠机构、出货机构、运送机构、验收机构、派送机构再到物资需求机构或个人，闭环中的节点都可以相信分类账中存储信息的真实准确性。借助于区块链的信任赋能，构建统一的应急物资采购供应体系，对应急救援物资实行集中管理、统一调拨、统一配送，推动应急物资供应保障网更加高效安全可控，这个目标可以得到实现。

四、改革势在必行

这次重大疫情是对我国国家治理体系和治理能力的一次大考，对于在这次疫情中暴露出的问题、积累的解决方案，都亟待梳理总结和制度转化。就重大应急物资保障而言，首先需要保障物资在采购、供给、管理、调拨方面的联动，① 但就现状来看，还停留在集中化以及碎片化模式上，这样非但不利于应急物资的高效管理和精准配送，而且还导致了许多负面问题，影响了应急物资的保障效果。改革的思路是按照党的十九届四中全会提出的国家治理能力现代化的主张，相信科学规律，善用创新科技，借助于供应链和区块链技术将应急物资保障的客户端、管理端、供应端和中间端链接成为统一的联动网络，实现高效安全和可控的应急物资保障局面。

区块链具有强大的信任赋能潜力，这一点已经得到学界和实务界的高度认同。正因为区块链这种独特的潜力，促使大量科技企业开始将重心放在区块链技术研发方面。② 区块链技术在我国的发展已经比较成熟，阿里巴巴集团、中国联通公司、平安科技公司、腾讯科技公司等区块链研发技术领先的公司，完全可以让区块链高效落地得以应

① 参见思力：《关键时刻调得出、用得上》，http://www.qstheory.cn/wp/2020-03/04/c_1125661028.htm。

② 我国区块链科技公司发展迅猛，2018 年就有 300 多家区块链研发企业落户上海市。参见《三百余家区块链技术研发企业落地》，《解放日报》2019 年 12 月 11 日。

用。但是，令人遗憾的是，在此次新冠肺炎疫情应急物资保障中却少有应用，即使应用也局限在如捐助等供应端环节。譬如，南京金宁汇科技有限公司充分运用区块链技术搭建了应急物资协同平台与慈善基金管理平台，并与爱德基金会合作成立了可信普惠医疗健康专项基金，依托两个平台，高效、精准地开展为湖北地区筹集、捐助物资的工作。① 虽然国内一些互联网电商平台已经较早利用区块链的溯源技术追踪商品流转，提升交易物资信息价值，如京东早在 2017 年就建立“京东区块链防伪追溯平台”，将原材料过程、生产过程、流通过程的信息进行整合并写入区块链，实现精细到一物一码的全流程正品追溯，特别是为民生领域的“食品安全”“药品安全”“应急物流”等场景搭建“可信供应链”，在此基础上于 2018 年搭建了智臻链平台。② 但在此次疫情防控中却未发挥重大作用。针对突发疫情，有人呼吁应该在应急物资保障系统中应用区块链技术，却未能从统一的应急物资保障系统角度来考虑问题，还是注重物流层面，同时讨论的区块链和物流的嫁接并不成熟，缺乏深层次的架构设计。③ 更多的专家只是在主张运用区块链抗击新冠肺炎疫情时提及区块链对应急物资保障的助力问题，却没有展开。④ 上述实践和研究与我国的区块链研发实力极其不符，更主要的是，区块链应用中缺少来自政府和主管机构方面的声音。在区块链事实上可以支撑应急物资保障系统的背景下，上述实践操作和理论研究呈现出来的

① 参见《江苏区块链技术为抗疫防疫提供支撑》，http://gxt.jiangsu.gov.cn/art/2020/2/15/art_6282_8973508.html。

② 京东智臻链网址：https://blockchain.jd.com/BlockChainTrace。

③ 参见吴量、徐东：《基于区块链的应急物流建设研究——从“新冠肺炎”疫情防控物资保障视角》，http://www.chinawuliu.com.cn/xsyj/202002/20/493659.shtml。

④ 参见肖风：《区块链能为防疫抗灾做点什么？》，https://tech.sina.com.cn/roll/2020-02-12/doc-iimxxstf0847626.shtml。

局面无法与中央高层对区块链的重视相适应，也无法向党的十九届四中全会提出的科技支撑国家治理能力现代化的试卷提交一份令人满意的答卷。因此，以区块链赋能突发事件应急物资保障系统的改革势在必行。

第三节　联盟链治理路径

一、联盟链的弊端

虽然联盟链在社会服务方面已经开始发挥作用，但其也有不足之处，此处举两例说明：

第一，公有链的重大事务多由节点表决通过，民主意味较强。联盟链则不同，其内部有一个称为理事会的权力机关，理事基本上由发起成员担任，理事会下又设其他管理委员会，这个科层制的内部管理系统决定联盟链的许多重大事项。中心化管理带来的问题是一些事务可能被少数人把持，譬如，IBM 是著名联盟链超级账本（Hepyledger）的主要发起人，它为该联盟链中最重要的软件 Fabric 编写代码，该联盟链的技术指导委员会（TSC）中 11 个席位 6 个由 IBM 雇员担任，这一点受到超级账本其他成员的批评。①

第二，公有链由于节点众多，无论是节点还是外部黑客，想要篡改区块记录所需的计算力太大，以至于篡改者会知难而退。然而，联盟链的节点有限，不排除节点相互勾结篡改区块数据的可能性，外部黑客想要篡改区块数据所需成本也较低。

① 《超级账本被 IBM 控制了？委员会选举结果引发广泛担忧》，https://www.8btc.com/article/478451。

二、联盟链治理机制构建

上述问题要得以解决，需要建立联盟链治理机制：

（一）可信任节点

联盟链和比特币等公有链的区别在于，联盟链在经典区块链技术的基础上引入可信任节点，是区块链这种“无需信任的信任”机制和“信任机制”的结合。挑选可信任节点，如注重信誉的大型机构和政府相关部门，这些机构一方面不容易被黑客所策反，也少有勾结起来篡改区块记录的诱因，另一方面拥有良好的网络安全防护能力，可以抵御黑客的入侵。挑选可信任节点还可以排除恶意行为人，投票验证区块，就可以节省为了验证而消耗过大的计算力，同时保持区块链的优势。[①]另外，由主管机构发起并作为主节点，选择可信任部门作为副节点组成区块链网络，作为主节点的主管机构可以发挥指引作用，并纠正副节点的不规范行为。

（二）引入监督机制

限制联盟链发起人担任和委派管理人员和节点的比例，同时引入独立第三人监督制度，即部分管理人员和节点由独立的第三人担任，并保障这些管理人员和节点的投票权利，以此促进联盟链运行的公正性。

（三）保证入链信息真实

联盟链是一个信息存储系统，除了保证信息的真实、确定之外，还需要保证链外事物（权益）入链时信息的真实。以区块链支持的物资供

---

① 正如 Circle 的联合创始人肖恩·内维尔指出的那样，“密码学和软件可以取代守门人，但这并不意味着我们完全不相信人类”。Pete Rizzo，Circle Execs：The DAO Proves Blockchains Require Trust，COINDESK（June 22，2016，3：09 BST），http://www.coindesk.com/circle-execs-dao-proves-blockchainstrust/.

应链为例。实践中如何在整个物资流转过程中保证追溯码和物资的匹配，以防追溯码和物资轻易被分开或者物资被置换。解决这个问题有三种方法：第一种方法，区块链上不同节点进行验证本身就是监督系统，区块里包含有物资的基本信息，置换物资可能导致节点写入信息与原初信息不匹配，容易暴露其物资置换者身份，通过追溯码可以快速发现该问题，并追溯到直接责任人。由于布置在物资供应链上的都是可信任节点，相互之间形成监督关系，如果被发现作假，信誉受损不说，还要被追责，可谓得不偿失。第二种方法，引入预言机系统，即通过链外可信任实体对链上信息的真实性进行判别，为了客观起见，该可信任实体是无关联的第三方。① 最终物资与追溯码是否匹配，可以由技术人员远程来检验，这种方法可以针对识别性较高的物资。第三种方法，对物资的流程进行智能化监督，如为其植入芯片，以保证物资和追溯码之间的全程精准匹配，这种方法主要针对大型和高价值的物资。

（四）引入信义义务机制

在现实生活中，完美的交互条件基本上是不存在的，原因在于人的理性是有限的，信息是不对称的，市场也是不完全的。② 要使得交互顺畅进行，一种办法就是每个交互者花费高昂的成本，使得交互关系变得完备，另一种办法就是交互人开诚布公，在相互信任的基础上，共同实现交互的完备性。通过互信的推动，交互者可以降低交易中的成本，实现交互预期的满足。一方面，区块链网络下的交互难以通过法律进行控制，所以需要借助于交互者的高度诚信来进行维持。这种高度诚信的法

---

① 参见王延川：《智能合约的构造与风险防治》，《法学杂志》2019 年第 2 期。

② 参见杨瑞龙：《制度经济学下诚信原则思考》，《中国人民大学学报》2002 年第 5 期。

律表现就是信义义务。另一方面，在区块链新中心化和再中心化的背景下，既然精英和有限节点已经成为其他利害相关人的信赖对象，就需要建立前者对后者的信义义务。通过引入管理人员和节点的信义义务，保障利害相关人免于受到来自管理人员和节点的损害。关于信义义务的定位，首先属于伦理上的义务，应该被写入区块链的运行代码之中；其次它也属于法律上的义务，在弱势利害相关人的损害与技术精英和有限节点的作为与不作为之间产生直接因果关系时，可以向法院主张救济。具体而言，如果造成相关人损害，可以由联盟链理事会、单个成员或其他利害相关人提起诉讼，要求加害者承担损害赔偿责任。

第四节　区块链版权诉源治理

党的十九大报告指出，建设现代化的社会治理能力需要构建“共治、共建、共享”的社会治理新格局。2020 年，疫情的冲击给全球经济带来更大不确定性，原本的社会秩序发生重大变化，供应链过于集中带来的脆弱性暴露无遗。而区块链作为传递信任的机器，其价值反而得到了更大的显现。区块链技术已经成为了与人工智能（生产力）、大数据（生产资料）、云计算等并驾齐驱的创新发展的热词。① 继我国区块链技术成为核心技术自主创新的重要突破口之后，美国白宫亦在 2020 年 10 月将分布式账本技术列入国家战略性关键与新兴技术清单之中。区块链技术的自主可控已成为核心命题。随着互联网发展及区块链技术的成熟，人类社会原有的经济结构、地缘结构、文化结构、社会结构都受

① 笔者认为，从生产力生产关系的角度，人工智能可以成为生产力，大数据是生产资料，区块链就是生产关系。当三者自洽时，能够以更高的效率推动文明进步。

到了深刻的影响。比特币与区块链技术的出现，从一定程度上与哈耶克私人发行货币思想契合。有研究人员认为，比特币的出现，实际上是民间对金融危机提出的一种解决方案。在这种价值观的指引下，区块链技术应用的落地场景大多在金融等信用风险较高的领域。在国内外对比特币的评价分化极端的背景下，搁置对其是与非的讨论，客观剖析其底层技术和基础架构——区块链；我们不得不承认其所代表的去中心化思想是世界未来的发展趋势，而为了实现去中心化这一目标，提出的共识机制、竞争记账等精巧设计依然是目前最好的解决方法。区块链技术本身是在一个数字世界里围绕着数据的记录、组织和传播的一种共建、共享、共治的新技术。版权自身具有无形性的特征，这就使得权利产生、使用、保护过程中形成的证据更加容易转化为电子数据的证据形态。转化后的证据形态具备了虚拟性的特征，从而使得这类证据便于修改且修改痕迹不易被发现，由此使得维权证据经常陷入“信任危机”旋涡。在司法领域，同样存在着一个需要解决信任问题的“存证”环节。2018 年 9 月初，最高人民法院就已经确认区块链存证的法律效力。

区块链技术与生俱来的属性与存证天然契合。随着区块链技术在金融领域遍地开花、数字经济在经济发展中凸显其在我国的经济体系上的影响力后，对于普通民众来说，影响最大的应该就是这一次互联网法院采用区块链存证带来的巨大变化。“在任何需要信任的领域，区块链都有用武之地”，[①] 由此可见，将区块链技术创新应用于版权的保护领域是顺应发展的必然结果，同时也是为版权保护在互联网时代提供技术赋能的绝佳应用。区块链技术可以将作品作者、创作内容和作品完成时间绑

① 张健：《区块链：定义未来金融与经济新格局》，机械工业出版社 2016 年版，第 49 页。

定在一起，降低造假和侵权的可能性。借助区块链技术和合理的通证设计，版权人开户、作品登记、版权交易、对价支付等信息均在开放透明的分布式数据库中完成，借助通证在区块链上以价值证明的形态传导价值，使得版权得以在全网确权、交易留痕和侵权可追溯，达到版权注册和交易的整体链路清晰可查。

在版权类的涉互联网诉讼纠纷中，图片类案件在整个诉讼案件数量中独占鳌头。① 本书首先对三家互联网法院审理的图片类版权1181份判决书② 进行实证考察，通过对版权权属与侵权类抗辩的分析，对版权纠纷中存在的抗辩意见进行归因分析；其次，对于以通证经济为出发点阐述版权资产数字化的可能性及获益；最后，通过通证跨链的方法构建版权的司法治理规则，确立新的纠纷解决机制。

一、版权实践检视：图片类案件特点及频发探因

（一）图片类案件特点

最高人民法院于2018年9月7日颁布实施《关于互联网法院审理案件若干问题的规定》，依照该规定，北京市、广州市、杭州市辖区内应当由基层人民法院受理在互联网上首次发表图片的版权或者邻接权权属纠纷以及在互联网上侵害在线发表或者传播图片的版权或者邻接权而产生的纠纷。自2018年9月9日建院至2020年3月31日，北京互联

① 自2018年9月9日建院至2020年3月31日，北京互联网法院共受理案件54844件，其中著作权案件42080件，占比76.7%。涉图片类著作权案件在所有著作权案件中的占比超过一半以上。

② 笔者按：在1181份判决书中，北京互联网法院的图片类判决书系从法院内网系统中获取，案件数量为1028件。因无法从公开渠道获得广州和杭州互联网法院的全部相关数据，因此本报告中这两家互联网法院图片类案件的判决书，系从中国裁判文书网中公开的数据中抓取，判决书数量分别为87件和66件。

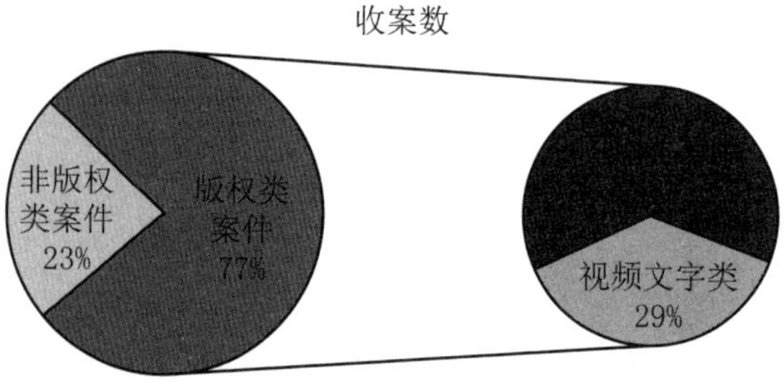

图 4-1　图片类版权案件占比情况

网法院共受理案件 54844 件，其中版权案件 42080 件，占比 76.7%。

图片类版权案件在所有版权案件中的占比超过一半以上。通过调研分析可知，图片类案件主要有如下特点：

1. 原告类型化

从收案数量来看，排名前十位的原告主要是国内主流专业图片公司和几位个人权利人。排名前五位的专业图片公司的案件数量，占全部图片类案件的 43%，使得图片类案件的原告承现集中化，类型化的特征。

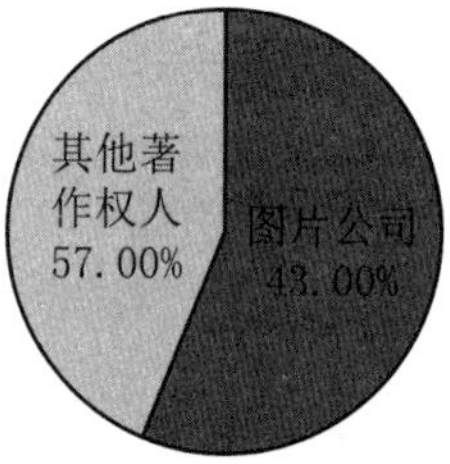

图 4-2　图片公司诉讼案件占比

2. 侵权网络化

当下网络自媒体、社交平台空前繁荣，小到微博用户、微信公众号等自媒体，大到互联网公司，都是图片作品的传播者，均能成为此类案件的被告。各类被告的应对态度、应诉能力、调解意愿等差异巨大。

3. 证据电子化

原、被告双方均会提交电子数据证据，如图片数字文件、网页、微博信息、网站后台数据等，且多与时间戳、区块链等电子取证、存证方式相结合，具有较强的技术依赖性，为法院认定证据、查明事实带来新挑战。涉案的摄影作品多为用数码相机、智能手机等设备拍摄，涉案的美术作品也大多是利用 Photoshop 等智能绘图软件绘制，涉案作品极易在网络空间中复制和传播。

（二）追根溯源：图片类侵权案件频发之因

通过调研，笔者发现，图片类案件频发的原因主要有权属缺乏公示、交易渠道不畅、商业性维权机构推动、诉前化解机制缺位。

1. 权属不明需求方“获权无门”

图片类作品的版权从创作完成之日起就自动产生，不需要进行备案，这体现了对于私权的保护，但不利于作品的传播与授权，在一定程度上阻碍了作品的使用及交易。科斯定理认为产权不明，会造成巨大的交易成本，甚至难以达成交易；若产权明确，通过选择有利的交易方式，可以实现交易成本的最小化。权利人不在图片中署名，被告在使用时往往并不知晓具体的版权人，即使被告有使用图片的主观意愿，也往往需要花费大量的精力去寻找版权人以得到授权，一方面创作者“待价而沽”，另一方面使用人却“购买无门”，无形之中增加了交易成本。有的使用人迫于文章的时效性等原因，直接放弃事先获得授权，直接使用从而导致侵权。

2.“自媒体”分享致侵权链式化

根据数据统计，直接侵权行为发生的场景集中于微博、公众号和电商平台三类，其中又以新浪微博、搜狐号、大风号、京东电商平台涉案较多，绝大多数是平台用户转载产生。也有部分侵权发生在网站建设之初，建设人员直接将未授权的图片嵌入网站中。根据对图片使用人的调查结果显示，93.75% 的被调查对象是将图片在文章中作为配图使用，该类文章以传播咨询为主要目的。自媒体促进了信息的传播、内容分享机制的火热，同时作品的复制、转载变得极为容易，某个作品藉由网络传输可以瞬间被大量转载，诱发链式侵权效应。

3.“判—售”价差催生职业维权现象

在图片类案件中，商业维权诉讼现象较为普遍。图片类案件中原告多为专业图片公司，或是从权利人处获得授权的专业律师团队，具备专业的取证能力和诉讼能力，易于形成大规模、批量化诉讼。[①] 专业化的维权诉讼一方面反映了公众版权保护意识的薄弱，另一方面显示出这一行为存在利润空间。

损失与获利是版权类案件的先位阶判赔标准，然而笔者在调研中和审判实践中发现，绝大多数图片类案件存在损害赔偿举证不足、普遍适用法定赔偿的情形。这类案件中，原告并未对其因侵权行为所遭受的实际损失以及被告因侵权行为的获利进行举证，因此请求法院适用法定赔偿。法院在判决中，多使用固定的说理方式确定损害赔偿的数额，但以此确定的损害赔偿数额难以得到原被告双方的认可。[②] 图片的价值应通过市场交换进行确定，法院通过裁判的方式间接为图片进行定价，与图

① 批量案件中，原告提起诉讼的目的在于快速获得损害赔偿，并有明确的诉讼策略。例如，将损害赔偿的诉讼请求控制在 1 万元以内；如果案件需要公告送达，为避免前期垫付公告费和后期无法执行判决，此种情形下原告一般会选择撤回起诉。

② 根据数据分析，法院就单幅摄影作品确定的损害赔偿数额中位数是 800 元，较为客观地反映了目前的裁判标准。但根据调查问卷结果显示，62.5% 的图片使用人认为法院判决的单幅图片的损害赔偿金额低于 200 元是合理的；而针对图片权利人的调查问卷结果显示，51.39% 的权利人认为就单幅图片的损害赔偿金额法院判决 2000 元以上是合理的。

片的市场售价通常存在较高的价格差，为维权提供了一定的利润空间，在利润的驱动及网络侵权海量数据的加持下，图片公司制造大量的诉讼案件也就不足为奇了。

4. 诉前化解机制缺位致司法先行

习近平总书记强调“司法是维护社会公平正义的最后一道防线”，可见司法具有兜底性和最终性特点。根据调研，图片类案件中，80% 的案件是以调解或者撤诉的方式结案，换言之以判决方式结案的案件仅为 20%。其中撤诉的案件中又可细分为送达失败、原告考虑成本不进行公告撤诉，以及当事人双方之间达成和解撤诉。和解的达成、联系侵权人等事项并非法院的专属，规范化的市场机制、多样化行业调解机制同样可以促成创作者与使用者矛盾的解决。市场机制、行业调解组织等缓冲带的缺失迫使法院从维护社会正义的幕后走入台前，加剧了案多人少的矛盾。

二、版权资产通证化确权及链上流转

（一）版权通证设计的含义及必要性

通过调研可知，图片类案件在法院审理的版权案件中占有半数以上的权重，过量的案件直接涌入法院激化了案多人少的矛盾，众多的图片案件直接进入审判程序反映出诉前矛盾化解机制的缺乏，区块链技术及运行于其上的版权通证有望成为图片类案件的源头治理的利器。

“通证”一词来源于“token”的汉化，是一种权益证明。在网络通信中，token 的原意是指“令牌、信令”。[①] 在区块链发展到以太坊时代，

① 笔者按：在以太网成为局域网的普遍协议之前，IBM 曾经推过一个局域网协议，叫做 Token Ring Network，令牌环网。网络中的每一个节点轮流传递一个令牌，只有拿到令牌的节点才能通信。这个令牌，其实就是一种权利，或者说权益证明。

其订立的 ERC20 标准使得 token 被广泛认识。① 在 ICO 横行的时代，把 token 来作为代币权益证明进行 ICO 是一个普遍的做法，但把 token 译为“代币”，就不那么准确了。因为 token 可以代表一切权益证明，绝不仅止于货币。② 然而，在国家未授权和支持的情况下，token 唯独不能“代”的就是“币”。

通证应包含三个要素：其一，数字权益证明，通证必须以数字形式存在、必须代表某种权利；其二，加密，通证由密码学保障其真实性、防篡改性和隐私保护；其三，可流通，通证必须能够在一个网络中流动并随时被验证。

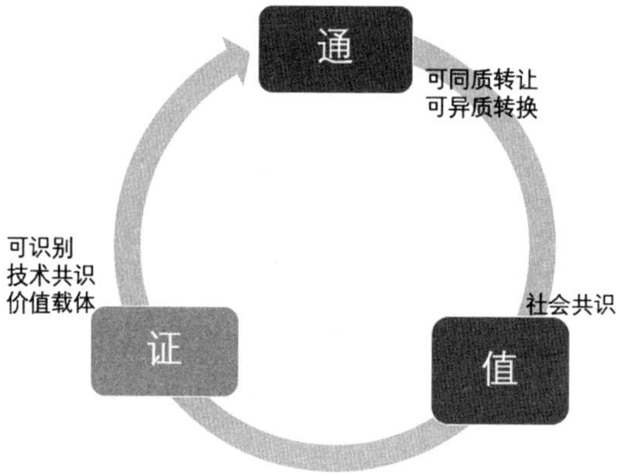

图 4-3　通证的属性

不难发现通证可以代表一切权益证明，从身份证到货币，从门票、钥匙到选票、卡券，从股票到债券，人类社会全部文明，能够建立在权益证明之上的，都可以由通证代表，更遑论版权了。

---

① 任何人都可以在以太坊上发行自定义的 token，这个 token 可以代表任何权益和价值。

② 德国经济学家南普认为，货币，特别是信用货币，从一开始就有权力介入。货币即权力，货币即政治，货币权力必须属于国家。

通证具有价格发现功能，构建版权通证，可以发挥区块链技术与通证价格发现功能的双重优势。区块链上链登记能够使得权属清晰明确，结合大数据等技术可以实时监测行为并及时固定在区块链上。通证化的设计使得价格发现成为可能，运行于区块链上的版权通证实现了作品传播与交易的双重实现，藉由版权通证的价格发现功能，司法裁判也更多地遵从市场价值规律，更多适用第一或者第二位阶的赔偿机制，减少商业化维权的空间，最大程度上消减侵权案件滋生的土壤，实现图片类案件的诉源治理。

（二）版权通证化的运行机制浅析

本书将通过一个例子来引入并解释版权是如何在通证经济模式下运行的（如图 4-4）：

首先，摄影作品的作者在作品完成之时即刻将其作品同步上传至区块链平台中，系统将自动生成携带作品及作者信息的时间戳，并将其写入区块链中，随后在社区对版权的权利边界确定后作品价值被锚定。假如使用版权的价格定为 T 币 / 年（假设 T 币为该系统中所发行的加密数字资产——通证），社区要使用作品的其他用户可以先获取 T 币（可通过法定货币交易、答题、点赞、为他人维权作出贡献等方式获得），然后用 T 币支付。交易完成后，会有两个信息永久保存在区块链中，不可删除或篡改：1. 收益会依据预先设计的方式转入作者的账户；2. 交易流转记录及买受人信息上链。版权是一组权项束，这样的流程在版权权利流转中还可以将权项束依照市场需求分解、重组，并创造出不同的内容产品与服务。负载版权通证的流转让市场能够在很短的时间内完成价格发现，交易更加透明公平，各项权利的价值在流通中快速与其市场价格匹配。而区块链中的版权信息记录是分布式存储和验证，通过密码学进行加密保护。上链版权获得多个节点的验证并发布于网络，其内容具有可追溯且可以永久记录，增加了内容生产环节的可靠性；可以让版权的产生、授权、保护、回溯追踪、评估都变得更为容易，这一机制的有序运转，使得版权流转清晰可见，为版权的诉源有效治理提供了可能。

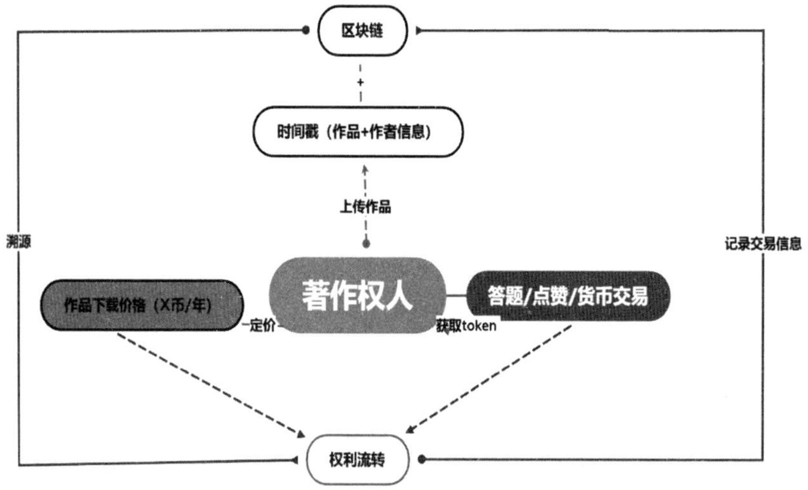

图 4-4　版权通证运营机制示例

（三）版权权利的数字化：权利产生于链上

区块链具备“天然存证”特性，其链上数据具有真实性，笔者从两条路径来探讨版权上链：其一，是“存量”版权；其二，是“增量”版权。版权自作品完成之日起产生，依照版权客体上链的时间可以分为：存量客体①和增量客体。②

① “存量客体”，是指著作权客体产生之时并未及时上链。现在的著作权领域绝大多数都是这类“存量客体”，因区块链技术的司法存证元年是 2018 年，而区块链技术应用在知产领域保护亦是近两三年的事情。

② “增量客体”：著作权的权利主体在完成作品后，即通过区块链给作品加盖时间戳，将作品上链后再发表。

1. 增量版权保护的确权路径

作者（原始版权人）在区块链技术化的版权运营平台上传其作品，通过区块链准确记载作品创作过程中的时间、地点、底稿、草图、构思图相关信息，同时加盖有不可篡改的时间戳，时间戳能证明创作者的版权产生时间，可以间接证明其所有权，且这种确权全链可见。

版权记载于区块链上对权利人而言有极大的优势。首先，登记过程通过预先设置的算法完成，可以实现瞬时登记，极大地缩短登记的时间成本。其次，去中心化省去版权登记的代理中介，版权人可以直接在区块链系统中完成作品的登记、发布、交易、维权等环节。区块链登记作品的费用极低，其基于主链的一次版权登记费用最低约 0.3 元。①

2. 存量版权确权路径

就"存量"版权的上链而言，环节比起增量版权要精简许多：将已有版权逐一上链即可。但权利人对其作品的权属证明应承担更多的证明责任，不能仅以其权属已经上链来抗辩对方当事人的质疑，应当拿出更进一步的足以证明其权属的相关证据。

（四）版权通证的流转

根据前述分析，可以看出版权天量诉讼的症结在权利流转，运行于区块链之上的版权通证可以打通创作者与使用者之间的信息壁垒，促进作品流转与价值的转移。

1. 交易成本高阻碍版权流通

版权市场中的作品依据其知名度可以划分为两种类型，一类版权作

① 张颖：《区块链技术驱动下的著作权登记制度变革》，《图书馆论坛》2019 年第 12 期。

品是质优量少的版权资源，如各类名家大作、知名作品；另一类主要是质低量大的版权作品，这些作品构成了版权市场中的长尾部分，多数图片类作品属于这种情形。图片类作品的权利归属信息分散、交易成本高等因素阻碍了传播与再利用，从而导致其中的优质创意资源被长期埋没。

哈罗德·德姆塞茨（Harold Demsetz）①在《产权的交换和行使》一文中认为，产权交易不但存在交换费用，还存在维权费用等问题。有效的市场营销活动所需的交换费用和维权费用的水平与政府替代性服务的费用水平，取决于我们对有关市场和政府运行的技术的掌握程度。在《博弈论与信息经济学》②中张维迎根据不对称性发生的时间和内容对信息不对称性进行了分类整理。

表 4-1　信息不对称性的分类

时间	事前的信息不对称	发生在签约之前	逆向选择风险
	事后的信息不对称	发生在签约之后	道德风险问题
内容	外生性	技术本身的特点	交易需求产生的基础和前提
	内生性	对双方行为监督的困难	决定了达成交易合约和履约的难度

信息不对称③是知识产权交易的基础，版权交易过程中所产生的机会主义行为要远远超过传统的商品交易，原因就在于版权转移必然伴随着信息流动，和一般商品相比，修改信息非常简便，交易的收益会因为

① DEMSETZ H. The exchange and enforcement of property rights [J]. Journal of Law & Economics，1964，7（01）：11—26.

② 张维迎：《博弈论与信息经济学》，上海人民出版社 1996 年版，第 68—69 页。

③ 信息不对称理论是由 George Akerlof 等三位美国经济学家创立的：AKERLOF GA. The market for "lemons"：quality uncertainty and the market mechanism [J]. Quarterly Journal of Economics，1970，84（03）：488—500。

这些篡改或隐藏而改变，却难以被人发现。[①]

2. 版权通证疏通流转障碍

如何降低交换费用和维权费用，如何防范篡改和隐藏？笔者认为，前文提到的经济学上的不完全信息化可以通过区块链突破，区块链技术的出现使分布记账成为现实，在全网公开的情况下，链上节点的任何一方可以知道交易对手在任何时间、任何地点的任何情况，区块链背景下的通证经济的最大优势就是可以最大限度地消除交易市场上的私人信息，防止逆向选择导致的市场萎缩。

作品作为人类社会的精神财富，只有依靠版权的流转才能产生更大价值。然而数据在脱离了现实世界的生产资料所有权规则后，产生了一部分互联网巨头的垄断局面。分布存储技术的发展，瓦解了互联网的服务区集中布局，为版权数据打破垄断和阻滞创造了条件，使得私有财产化的数据更加碎片化，借助区块链智能合约技术，版权通证得以在区块链上流转，形成交易的闭环，[②] 实现作品流转与保护双重目标的实现。

3. 共识机制确保版权流转可溯

在说明流转可溯源这一重要环节之前，有必要介绍一下区块链的三种模式，以及哪种模式更加适合溯源和流转：区块链根据网络扩展性、节点的可参与性及其功能价值，可以分为公有链、私有链和联盟链三种模式。

公有链（例如比特币、以太坊），向全世界所有人开放，每个人都能成为系统中的一个节点参与记账，公有链系统通常将激励机制和加密数字验证相结合来实现共识。

---

① 孙雪涛：《不对称信息下的知识产权交易问题研究》，安徽农业大学 2010 年硕士学位论文。

② 叶蓁蓁：《中国区块链发展研究报告》，社会科学文献出版社 2018 年版。

私有链，是对单独个人或单独组织内部开放的区块链系统，即系统由一个组织机构控制该系统的写入权限和读取权限。

联盟链，是指若干个机构共同参与记账的区块链，联盟成员之间通过对多中心的互信来达成共识。联盟链的数据只允许系统内的成员节点进行读写和发送交易，并且共同记录交易数据。联盟链针对的是特定的组织，联盟链的加入有一定的准入机制，通过数字证书的方式实现基于PKI的身份管理体系，交易或提案的发起，以参与方共同签字验证来达成共识，不需要工作量证明，也不需要数字货币的激励。

通过分析对比公有链、私有链、联盟链各自的特点发现，联盟链的形式更适合应用于司法领域。公有链系统受到国家政策的严格控制，在效率方面也存在极大的局限性，无法在司法领域开展应用，而私有链上没有跨机构、跨组织间业务行为，在实际使用场景中主要适用于单位内部行为。但联盟链与公有链、私有链不同，它是部分去中心或者是多中心的区块链。联盟链上节点数得到了精简，使得系统的运行效率更高、成本更低，也就更加容易在社会现实场景中落地。

联盟链相对于公有链非常重要的特点就是节点准入控制与国家安全标准相支持，需要确保通过认证之后才能准入联盟链，能够符合监管要求。可见，本书所构建的治理体系应该是联盟链形式的诉源治理体系。

由于区块链的开放性和可溯源性，所有人都可以通过链上节点非常便捷地查询到作者或版权权利人，从而确认其权利。同时，由于区块链的不可篡改性，因此可以完整地记录权利产生和权利转让的全过程，从而可以保证真实有效地回溯。不论“存量客体”还是“增量客体”都可以在上链后进行对外授权，以使权利人通过著作人身权的转让获得收益。

版权由一组权项组合而成，各种权项可以分开行使。将通证赋予各个权项取得权益后，著作财产权的分别授权得以轻松实现："独家授权"权利人与"非独家授权"权利人的争议将一目了然、权项的"一女二嫁"情形将消失、监控被授权人滥用权力将变得十分轻松。智能合约技术引入后，得以实现自动授权，在权利到期后甄别超期使用情形，从而决定收回授权或交付通证后进行权利续期。

4. 版权通证实现侵权追踪

根据前述调研，网络上侵犯版权现象严重、侵权证据易灭失，版权人不能及时发现侵权线索导致其损失不能及时挽回。在引入区块链技术和通证方案后，依靠大数据监测可以实时地发现侵权线索，将侵权线索与链上数据进行实时比对，或者直接检测侵权线索是否附带通证交易留痕，如果没有通证交易记录，那么可以直接判断属于侵权。此时，通过区块链技术将侵权线索实时存证，在日后维权时可以直接调取记录作为证据。①

5. 通证跨链实现价值互链

依托跨链技术通过一个可信机制互相转移、互相传递、互相交换链接不同平台上的资产和状态，实现跨媒体的融合文化生产方式，使图片类作品能在世界各地以任何媒介形式实现再创作与再传播。另外，跨链技术使得不同版权链呈现出一种"集成性"的外在表现形式，还可以对"公有领域"作品、"孤儿"作品以及权利人放弃版权作品的全覆盖，从而成为文化创意资源的"一站式"获取。②

① 黄龙：《区块链数字版权保护：原理、机制与影响》，《出版广角》2018 年 12 月上总第 329 期。

② 丁丽柏、颜梅林：《探析统一化数字版权交易平台的价值定位与运作机制》，《出版发行研究》2018 年第 11 期。

三、版权数权化的诉源治理机制构建

把“非诉讼纠纷解决机制挺在前面”是完善诉源治理机制的核心要义，运用非诉讼纠纷解决机制从源头上化解纠纷，实现诉源治理促进新时代社会治理现代化。①权属不明确、交易渠道不畅、信息不对称是阻碍图片类版权诉源治理的重要原因。版权通证与区块链技术的运用实现用技术手段记录作品的权属，降低各方的搜索成本；区块链智能合约的引入方便作品的交易，降低交易费用；版权通证的设计实现让版权流转在链上，让市场发现作品的真正价值，鼓励版权人创作优质的作品，司法裁判中可以更好地通过裁判填补版权侵权的损失数额，减少专业化的维权公司利用诉讼获取超额利润的动机，从而可以大大减少图片类版权案件的数量，实现诉源治理。

（一）版权通证运行于区块链：畅通版权流转

1. 版权通证上链：明晰版权归属

通证与区块链之间是相辅相成的关系，区块链如果缺失通证将无法实现价值的传输，只是一个大型的分布式数据库。

将版权通证记载于区块链上是实现版权交易、流转的基础，对于存在创作过程的图片类作品来说，依托区块链防止篡改、可信程度高的优势能够完整记录作者从最初的灵感到最终作品所经历的过程，并通过时间戳来形成“证据链”，通过密码技术保证完整性，为版权生成全周期中任意时间点的身份证明与创作证明，克服了传统版权中心化登记的可信度不足的缺点，增强图片类作品信息公示。

---

① 龙飞：《“把非诉讼纠纷解决机制挺在前面”的实证研究——以重庆法院实践为样本》，《法律适用》2019 年第 23 期。

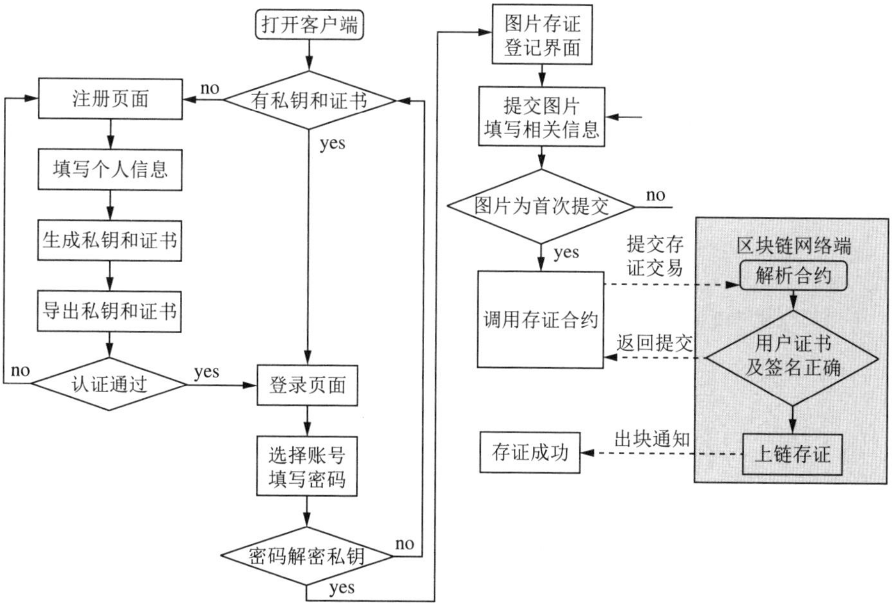

图 4-5　版权通证上链原理

2. 依托智能合约：畅通版权通证流转

版权通证的交易过程可以利用区块链技术中的智能合约技术实现，将信息作品的使用价格、分享收益等信息以通证的方式植入智能合约中（如图 4-6）。

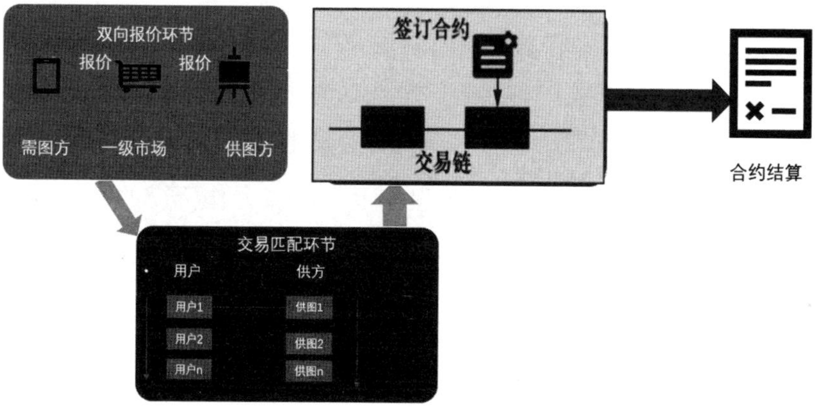

图 4-6　版权智能合约运行原理

通过智能合约的方式需图方与供图方通过去中心化的方式达成需求的交换。用户购买图片类作品时，将花费相应的通证。而一旦有用户将内容分享给其他人，这种分享行为产生的收益，也会有相应的智能合约进行利益分配。

3. 版权资产管理：实时监测侵权

版权通证上链后不仅可以促进交易的流转，而且可以结合大数据等技术监测版权侵权状况，实现版权的自动监测、取证与维权，实现版权资产的管理，版权数字资产管理可以按照如下流程进行设计：

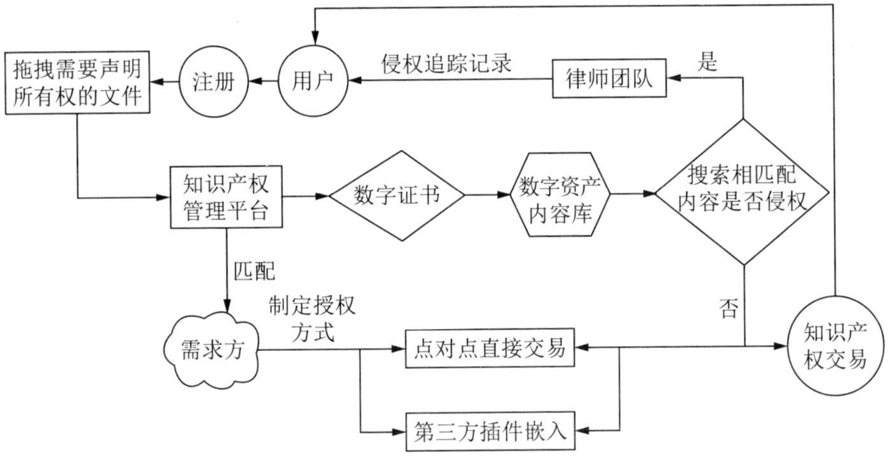

图 4-7　区块链技术版权资产管理流程

4. 版权通证交易平台：打破版权交易壁垒

构建区块链为底层技术的版权自主交易平台，引入通证并加以信用背书和版权的权益证明，在某种程度上可以被看作资产的数字权益化（数权化）。一站式的版权通证交易平台既可以发挥通证激励效应又促进了版权传播。

（二）司法联盟链的搭建：构建版权"互链网"

联盟链是半公开的，各个节点通常有与之对应的实体机构组织，通

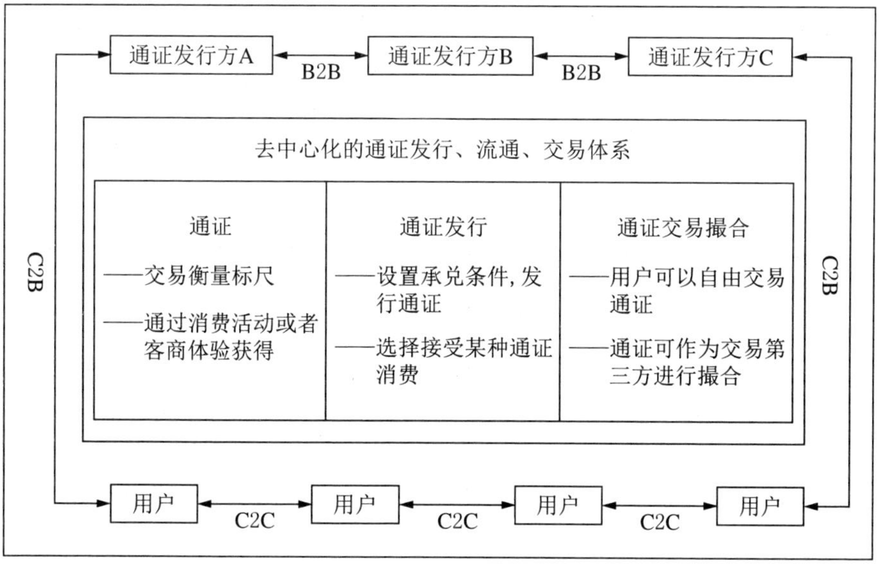

图 4-8　通证体系设计

过授权后才能加入与退出网络。各节点背后的机构组织组成利益相关的联盟，每个区块的生成由所有预选记账人共同决定，共同维护区块链的运转。

司法联盟链①具备联盟链的特点——准入机制，其链上参与共识的节点一般包括政府部门、行业协会、公证处、鉴定机构等（也有链上节点均为法院的“法院链”），其链上记录的数据只对特定的对象进行公开。在版权诉源治理的司法链构建制度设计上依照版权登记机关的存在方式可以设计三种模式：

1. 节点纳入模式

将版权登记机关纳入司法链的管理节点，直接参与记账共识。这种模式的优点是，当版权登记机关直接参与共识时，整个链的 TPS 更快、

① 后面论述中将简称“司法链”。

法院处理纠纷更加便捷；缺点是，法院的中立性受到挑战，有为在登记机关备案的当事人背书证据之嫌。这种模式以其技术需求门槛低、建设速度快的优势，直接在单一的链上流通，适合在司法链建立初期采用。

2. 侧链模式

版权登记机关自行建设一条联盟链，在这条联盟链上由行业协会、公证处、鉴定机构、版权企业等构成参与共识的管理节点。司法链通过侧链技术，版权链上的通证锚定在司法链上，当纠纷产生时，司法链直接反向读取版权链数据，调取证据。这种模式的优点是避免了法院为当事人证据背书的嫌疑。缺点是，技术门槛相对较高，构建成本高。

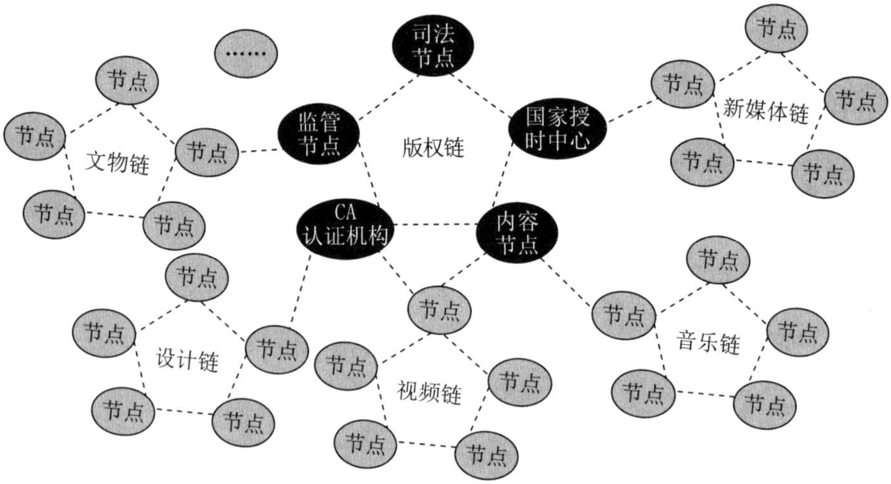

图 4-9　司法链侧链模式

3. 跨链模式

版权登记机关自行建设一条全部节点均为由版权管理职责国家机关或行业协会参与共识的联盟链，该链通过跨链技术与其他版权企业所在的区块链及司法链进行锚定，形成“链链相套”的接驳模式。这种模式的优点在于：极大地增强了区块链之间的互联互通，打破了各区块链之间的信息孤岛。

无论侧链模式还是跨链模式，都可以将通证化的版权交易平台构建在区块链上，可以充分发挥各机构参与版权诉源治理的协同效应，改变法院孤军奋战的情形：

第一，在线版权交易平台可以对未审查或者版权存在争议的作品发出预警，鼓励用户进行版权审查。同时根据用户对于审查速度的要求收取不同的登记费用，这样可以降低登记费用，同时激励潜在价值高的用户申请登记，从而充实版权信息分布式数据库。

第二，法定登记机构可以参与在线版权交易平台建设。法定登记机构参与在线交易平台的建设会增加权威性和吸引力。国家版权局可以通过授权的方式授予在线交易平台进行版权登记的权利。

第三，政府可以牵头或资助设立一个一站式版权交易平台，并允许其他企业或组织设立版权交易平台。一些网络公司也可以自行开发并成功运行在线版权交易平台。其若运作成功，将通过跨链技术与政府资助设立的一站式交易平台链接互通，进而降低用户面对不同平台的查找成本。①

（三）法院构成版权诉源最后一道防线

法院作为最后的司法防线，依托区块链技术和引入通证的基础上，可预见地在以下环节将“法的指引作用”融入诉源治理体系中。

1. 证据规则上链

法院可以事先制定详细的图片类案件审理指南，对版权纠纷客体审查、权属审查、侵权行为认定、抗辩事由、侵权责任等方面作出细化规

① 吕炳斌：《版权登记制度革新的第三条道路——基于交易的版权登记》，《比较法研究》2017 年第 5 期。

定，并将电子证据标准、裁断规则嵌入司法链的侧链节点中。通过证据规则上链，进一步平衡权利人与使用人、其他主体间的利益，培育全民版权保护意识，助力营造良好的营商环境。

2. 司法链跨链调证

法院通过前述的司法链可以跨链调取通证获得权利人的版权权属信息、版权流转信息、侵权取证信息，极大减轻法院审理压力。基于区块链技术的不可篡改、可信度高的特点，在被告无相反证据并且排除合理使用、法定许可的情况下可以直接确定是否构成侵权。关于赔偿标准可以通过调取在区块链智能合约中的版权许可费进行参照，秉承损害填平原则，防止裁判的金额过高激励专业的图片公司利用诉讼方式进行索赔，杜绝图片公司利用诉讼赚取超额利润的目的。

［实例］

北京互联网法院已经利用区块链技术在版权诉源共治体系上构建了“e 版权”联盟链。

为推动版权纠纷高效化解，北京互联网法院联合北京市版权局发布了“e 版权”诉源共治体系，北京版权保护中心版权链与天平链对接，建成依托区块链技术的版权纠纷协同治理平台。利用区块链技术实现了版权登记与版权诉讼环节的可信数据互通。权利人版权登记更快捷，而对于已经在北京版权保护中心办理了作品登记并将数字版权证书存证到版权证书链中的权利人，在发现被侵权后可向北京互联网法院提起诉讼，当事人在法院立案时，不用提交纸质登记证书作为权利证明。仅需在法院电子诉讼平台填写登记号，法院系统后台即自动跨链调取证书信息。法院立案后，依职权调取权利人提交给版权局的登记证明材料。调取的登记证明材料是跨链验证过的可信数据，符合法院的版权证据规则。法官在审判、开庭时，都能核查这些“登记证书背后的材料”。从而提高了司法审判的效率。

3. 智能合约实现执行自动化

将智能合约技术与执行深度融合进行规则构建。通过系统的总体架构以及结合应用场景包括区块链点对点数据交换、自动实现文书生成与财产的查冻扣，以及征信共享等，实现胜诉通证通过智能合约实现判决书的自动执行。

（1）自动执行的实体法理

在民事执行程序中，至少存在三条债权关系链：申请执行人与被执行人之间，法院与协助执行机关之间，协助执行机关与被执行人之间。执行依据一旦生效如果被告不主动履行的话，以原告申请执行为起点，启动民事执行程序，此时原告与被告的身份转换为申请执行人与被执行人。为了保证司法裁判的强制执行力，执行机关经常需要协助才能完成执行行为。因此，进入执行阶段后，将智能合约应用其中，经申请执行人申请执行为触发点，法院与协助执行机关之间关于自动执行的承诺便进入区块链中，此可以视为附债权一，基本内容为协助执行机关经智能合约机制查验后自动完成财产的查冻扣，去除人为干预空间。假设协助执行机关是某银行，为了实现自动执行，该银行与被执行人之间的存款合同附带上链，此可以视为附债权二。最终，申请执行人与被执行人之间的债权债务关系也间接上链，此可以视为主债权。也就是说，智能合约的根本价值在于促使申请执行人与被执行人之间民事法律关系的非正常状态恢复至正常状态，以民事法律关系的智能执行实现法的安定。而作为这一民事法律关系的完整映射，三条债权关系链便组成一个区块链

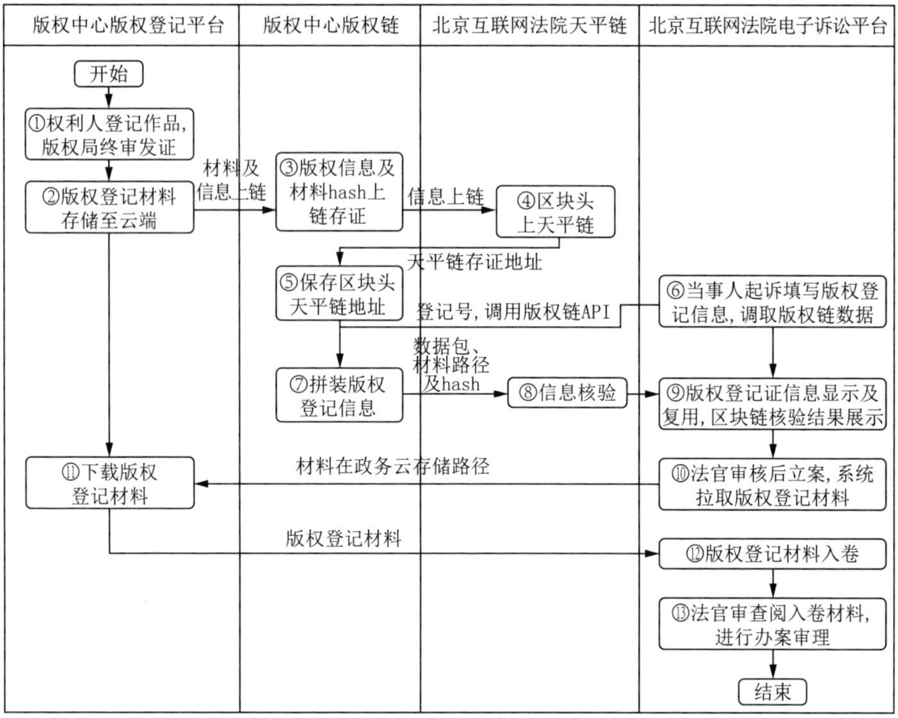

图 4-10 北京互联网法院调取北京版权中心版权链流程

智能合约集，以保证主债权的实现。

（2）自动执行的程序法理

民事执行权的定位在学界有司法权说、行政权说以及独立说等。① 但是，不论是哪一种学说，其根本来源于国家强制力，以实现申请执行人的债权最大化为基本目标。如果申请执行的生效法律文书“权利义务主体明确”且“给付内容明确”，② 执行法官有权直接向被执行人发出执行通知，并立即采取强制执行措施。而区块链智能合约的构建对于民事执行最大的改变就是实现对于生效法律文书是否符合执行根据的形式要

① 谭秋桂：《民事执行权定位问题探析》，《政法论坛》2003 年第 4 期。
② 《最高人民法院关于适用〈中华人民共和国民事诉讼法〉的解释》第 463 条。

件之自动判断，并将审查执行人员证件、生成协助执行书等流程移至线上。一旦自动判断符合，即自动触发，既融合了行政权不经相对人同意即查询、冻结、扣划其财产的单向性，又糅杂了司法权尊重申请执行人意思自治的被动性。①

执行的生效法律文书，在学理上又称为“执行根据”“执行名义”。根据其含义，具有三个基本特征：以法律文书为形式；以民事实体权利义务关系为内容；记载的债权具有可行性。② 不论是执行机关向被执行人发出的执行裁定，还是要求协助执行机关配合强制执行措施的协助执行通知书，本质上都应当服务并服从于执行根据，也就是执行的生效法律文书。

目前，我国的民事执行协助机制都要求协助执行机关对人民法院的强制执行措施积极予以协助，包括财产信息的查询以及冻结、扣划等。但是协助执行机关在协助调查、控制等执行行为时，需要核验执行工作人员的工作证件以及法院出具的执行裁定、协助执行通知书等。如果利用智能合约的技术优势完成上述执行程序，那么不仅不会破坏现有的民事执行协助机制，反而其所具有的不可篡改性以及高效率特质会极大地“赋能”司法机关的公信力。

从智能合约的法律维度来看，智能合约视作法院与协助执行机关之间的一套承诺。该套承诺的主要内容是，协助执行机关不再要求相关执行人员证件、生效法律文书以及协助执行通知书的现场出具，而是以申请执行人申请执行为事件触发点，由智能合约机制主动核验执行根据、工作人员身份证明等信息，自动生成执行文书，自动执行财产。

① 谭秋桂：《民事执行权定位问题探析》，《政法论坛》2003 年第 4 期。
② 黎蜀宁：《民事执行行为研究》，西南政法大学 2004 年博士学位论文。

（3）天平链智能合约构建司法执行新模式

区块链多方共识的处理机制结合密码学可信保护，可实现将既定规则、逻辑通过数字智能合约技术予以实现并写入区块链平台，通过预设的触发条件，驱动数字合约的自动执行，从而最大程度上规避了人为干预，提升了自动执行的效果。

智能合约的这些特性及价值，使其与解决执行痛点能够实现很好地吻合，将智能合约应用到司法执行中去，将颠覆现有执行模式，从底层构建开始开创综合治理执行难新模式。

北京互联网法院于2019年10月23日在全国率先运用天平链智能合约技术实现自动执行立案，当事人仅需确认案件履行结果，无需按照传统程序完成确认是否按期履行，核对申请执行期限，申请执行，填写、上传当事人信息、执行申请书、执行依据等反复步骤，上述操作均可通过区块链智能合约达成条件后，自动触发完成，完成自动执行立案、自动生成执行通知书、报告财产令等，通过区块链智能合约，为执行立案减负增效、促进司法便民。

就像尤瓦尔·赫拉利在《人类简史》里所说，正是这些“虚构出来

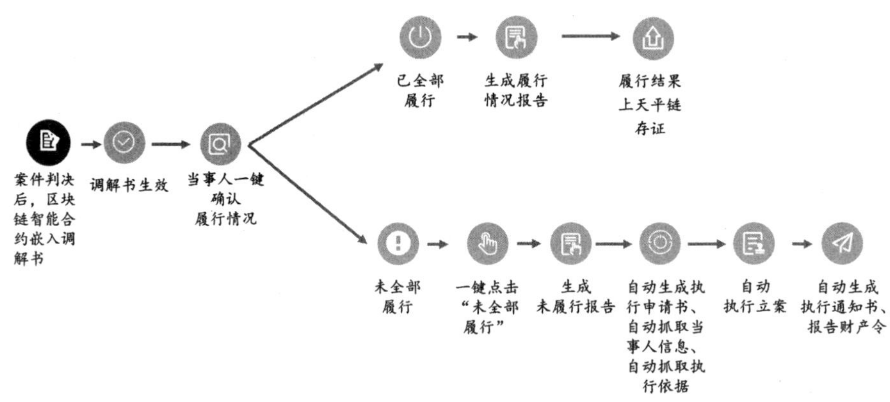

图4-11 智能合约自动执行立案流程

的事实”才使智人脱颖而出，是建立人类文明的核心原因。如果这些权益证明全部数字化、电子化，并且以密码学来保护和验证其真实性、完整性、隐私性，那么对于人类文明将是一个巨大的翻新。一个以法院为终极的新诉源治理的基础设施的构建时期，真正重要的事情是“互链网”的建设，其实真正重要的事情是通证，区块链作为后台技术支撑通证的运行。

第五节　区块链存证治理

一、区块链存证原理

如果你撰写的论文在某一个博主网页上未被署名而登出，你的书未经同意出现在一个音频分享平台上，或者你的唱歌视频被上传至某短视频分享平台上被人观看，当出现上述情况时，你当然可以通过截图、录音和录视频等方式获得电子证据，但是通过一己之力获得的电子证据很可能成为“孤证”而不被法院采纳，或者有些网站会在侵权作品出现几天后篡改或者删掉它，或者当你去维权时网站马上会删除这些侵权作品，因此，电子证据的获得具有时效性，需要在侵权出现后较短时间内被固定。电子证据基本上属于中心式存储模式，存在某个网站的网页上，存在公证机构的数据库中，存在法官的计算机中，这种存储模式容易出现合谋篡改、黑客攻击、数据遗失等情形，这会导致电子证据可信性差，一定程度上加大了司法程序的成本，同时影响司法裁决的公正作出。电子证据有时需要在不同机构之间共享。譬如，案件通常不可能在一个法院审结，需要不同审级法院的逐层审理，有些复杂案件可能需要在多家法院同时审理，中心式存储难以保障多家法院对电子证据的共享，为了分享需要对电子证据传输，而传输往往费时费力，也可能存在传输失真或者遗失问题。正因为上述原因，虽然我国诉讼法规定电子数据的证据功能，但司法实践中对电子证据的采信度较低。

区块链可以在一定程度上解决电子证据存在的上述问题。通过数学算法在电子信息基础上生成哈希值，哈希值与该电子信息之间产生唯一的一一对应关系，这些信息汇集起来形成完整的电子数据，可以作为对你有利的呈堂证据。

区块链存证的工作原理如下：当事人选择自己信任的第三方存证平台提取和存储电子证据信息，并生成针对电子证据的相应哈希值摘要，提取验证该电子证据所需密钥，并将该哈希值摘要和密钥上传至法院的区块链系统。如果当事人对电子证据的真实性依然有争议，可以由司法鉴定中心鉴定。在一起网络侵权案件中，当事人将该侵害作品网页的 URL 通过 API 接口传输至保全网，保全网通过 puppeteer 插件和 curl 插件对该网页截图以及源码获取，并产生操作日志，记录调用时间，将这些获得的信息打包计算哈希值后，上传至 FACTOM 区块链和比特币区块链进行电子数据保存。司法鉴定中心通过查询和比对区块链中存放数据后，作出该电子证据在保全后未被修改的鉴定结论。法院根据司法鉴定中心的鉴定步骤，再次查询，发现查询结果与司法鉴定中心鉴定结果一致，最后认定该电子证据的法律效力。

通过区块链存证具有以下优势：一是可以发挥区块链本身的优点，使得电子数据同步、分布、安全存储，实现电子数据真实可信、完整、共享和可追溯；二是区块链只存储电子证据的哈希值信息，这种电子证据与哈希值分离的方式可以更好地保护当事人的信息隐私；三是目前实践中多采用联盟链来存储哈希值，联盟链的可信节点与节点权限区分等优点，可以让信息存储成本更低，同时存储安全系数提升。

区块链存证就程序而言有三个环节：一是存证，即存证平台对电子证据固定和技术处理，二是提交，即当事人或存证平台将生成的数据传输至法院的区块链之上，三是验证，即法院针对电子证据的真实性进行考察。第一和第二个环节是为第三个环节服务的，其规范与否直接影响法院对电子数据真实性的认定，因此是区块链存证问题的关键。

目前针对区块链存证的法律效力已经有明确的规定。2018 年 9 月 7 日，最高人民法院公布《最高人民法院关于互联网法院审理案件若干问题的规定》（法释〔2018〕16 号），其中第 11 条第 2 款规定，“当事人提交的电子数据，通过电子签名、可信时间戳、哈希值校验、区块链等证据收集、固定和防篡改的技术手段或者通过电子取证存证平台认证，能够证明其真实性的，互联网法院应当确认”。司法解释固然确认了区块链存证的法律效力，但当事人需要证明电子证据的真实性问题。实践中也会存在原被告双方同时拿出相互冲突的电子证据的情况，需要法院审查。

关于电子证据真实性的认定标准，《电子签名法》第 8 条规定：“审查数据电文作为证据的真实性，应当考虑以下因素：（一）生成、储存或者传递数据电文方法的可靠性；（二）保持内容完整性方法的可靠性；（三）用以鉴别发件人方法的可靠性；（四）其他相关因素。”电子数据的真实性审查重点主要是程序意义上的，主要取决于区块链存证是否规范。在一起案件中，由原告操作电子证据固定过程，并提交存证平台，由存证平台出具保全书。关于电子数据生成及储存方法可靠性审查，法院认为原告操作前虽然未对取证环境的清洁性进行检查，但结合勘验过程、第三方存证平台出具的说明及《检验报告》等，足以对电子数据形成的时间的准确性、取证环境的真实性予以保证。关于保持电子数据完整性方法可靠性的审查，法院认为该电子数据通过存证平台完成取证后，该平台自动生成了一个唯一对应且进行加密的哈希值，然后生成载有哈希值、区块链保全 ID、取证时间等信息的数据保全证书，从而保证了电子数据的完整性。

二、区块链存证的治理

截至 2019 年 10 月，全国 22 家法院、公证处、司法鉴定中心等机构建设了 27 个节点，逾 1.94 亿条数据上链存证固证，取证核验。① 最高人民法院还牵头制定了《司法区块链管理规范》，指导全国法院数据上链，搭建人民法院司法区块链统一平台。杭州、北京、广州三家互联网法院分别搭建了“司法区块链”“天平链”“网通法链”等电子证据平台，以区块链技术存储了海量电子证据，提升了办案效率。② 但是关于区块链存证，目前还存在很多问题，主要表现在存证市场和司法区块链的运行机制方面，需要在制度层面进一步完善。

1. 区块链存证市场治理

虽然与公证市场比较而言，区块链存证市场份额较小，但未来的前途不可限量。区块链存证市场存在的问题有区块链存证平台法律地位缺失、区块链存证平台中立性缺乏规范和区块链存证标准不统一等问题，需要得到有效解决。

① 中华人民共和国最高人民法院编：《中国法院的互联网司法》，人民法院出版社 2019 年版。

② 刘品新：《论区块链存证的制度价值》，《档案学通讯》2020 年第 1 期。

第一，肯定区块链存证平台的法律地位。虽然最高人民法院、最高人民检察院、公安部于2016年9月制定《关于办理刑事案件收集提取和审查判断电子数据若干问题的规定》，规定了电子证据保全的效力，但并没有法律法规或者规章对电子证据保全市场进行规范。

目前法院对存证平台的审查，首先看平台是否通过国家有权机关认证。譬如，有的平台经过公安部安全与警用电子产品质量检测中心和国家安全防范报警系统产品质量监督检验中心认证，有的经过国家网络与信息安全产品质量监督检验中心认证，但这些平台都没有获得区块链存证平台执照，所以有必要确立区块链存证平台准入制度，符合条件的颁发区块链存证资质。这样可以避免市场中存在的假存证平台现象，防止当事人上当受骗，也可以促使平台的存证过程更为规范。

第二，统一区块链存证技术标准。目前存证平台各自为政，使用的区块链技术标准并不统一，许多小规模存证平台为了降低成本，设计的电子证据生成系统不标准，难以实现应有的性能。规范存证平台市场的第二个重要任务是指引其使用经国家权威机构确立的技术标准。

第三，确保区块链存证平台的中立义务。虽然哈希值与电子证据之间存在一一对应关系，但是如果该电子证据被替换，就会给法院验证和司法鉴定机构的鉴定带来困扰。所以，有必要将中立义务作为存证平台的法定义务，并规定违反中立义务应承担相应的民事、行政甚至刑事责任，以保证电子证据存证的公正性。

2. 司法区块链的构建

第一，构建统一的司法区块链系统。虽然最高人民法院一直在倡导和推动区块链在司法中的运用，但目前缺乏统一的司法区块链系统，各地法院自主开发自己的司法区块链，并颁布各自的区块链平台管理规则，没有实现法院之间的互通互联，加上各个法院开发区块链时使用的技术标准不同，给未来整个法院系统电子证据的顺畅对接和有效管理造成隐患。解决办法是由最高人民法院在目前各地司法区块链实践经验基础上构建统一的司法区块链系统，该系统之下可以设计不同功能的分区块链，以实现各地法院的互通有无。既然要构建统一的司法区块链，就需要首先统一区块链技术标准。

第二，将存证平台纳入司法区块链体系之中。我们理解的区块链存证分为两个部分，一是电子数据生成，二是电子数据存储，法院只对电子数据的衍生数据即哈希值进行存储，可以说是区块链存证系统中的后端，如果要有效还原区块链存证的整个环节，并保证电子证据的真实性，需要将区块链存证平台纳入司法区块链系统。存证平台作为法院建立的联盟链的一个节点，这样可以保证平台数据安全传输至法院节点之上，保证司法裁决的公正性。

就宏观角度来看，区块链存证分为技术和治理两个层面，虽然区块链存证技术层面的确存在一些问题，但可以通过技术发现和监督得以解决。目前最重要的是治理层面的问题，对此需要顶层设计与规范制定。首先，最高人民法院针对区块链存证应该有统一和标准化设计。其次，出台相应的司法解释，促使区块链存证成为一个闭环系统，一方面鼓励和引导市场，另一方面规范和促进市场。同时敦促政府管理部门完善和颁布法律、行政法规、规章、行业标准等，促使区块链存证市场良性运行。

【问题与思考】

1. 举例说明区块链可以服务于哪些社会服务领域？

2. 联盟链存在主节点与副节点现象与区块链的“对等网络”性质有无矛盾？

3. 如果联盟链使用过程中给用户带来损害，节点承担责任的基础是什么？

4. 如何构建联盟链内的信义义务？

5. 如何对区块链的社会服务功能进行监督？

【参考书目】

1. 林少伟译：《链之以法：区块链值得信任吗？》，上海人民出版社 2019 年版。

2. 王延川译：《区块链与法律》，元照出版社 2019 年版。

3. 王延川、郭明龙译：《批判区块链》，上海人民出版社 2019 年版。

4. 汤道生等：《产业区块链》，中信出版社 2020 年版。

5. Atzori，M.，& Ulieru，M.（2017）. Architecting the eSociety on Blockchain：A Provocation to Human Nature. https://papers.ssrn.com/sol3/papers.cfm?abstract_id=2999715.

6. Bollier，D.（2015，March 3）. The blockchain：A promising new infrastructure for online commons. News and Perspectives on the Commons. http://www.bollier.org/blog/blockchain-promising-new-infrastructure-online-commons.

7. Davidson，S.，De Filippi，P.，& Potts，J.（2016）. Economics of blockchain. https://papers.ssrn.com/sol3/papers.cfm?abstract_id=2744751.

8. Huckle，S.，& White，M.（2016）. Socialism and the blockchain. *Future Internet*，*8*（4），49.

9. Khan，J.（2016）. To What Extent Can Blockchain Be Used as a Tool for Community Guidance. *Edinburgh Student L. Rev.*，*3*，114.

10. Nguyen，Q. K.（2016）. Blockchain-A Financial Technology for Future Sustainable Development（pp.51—54）. IEEE. https://doi.org/10.1109/GTSD.2016.22.

第五章　区块链“中心化”辩正

在 21 世纪的今天，交易仍然是中心化的：产权需要政府登记机关确认，支付需要金融机构支持，买卖合同需要法院执行。最典型的莫过于金融交易系统。金融监管机关可以按程序查看某些涉及隐私的数据，交易所可以对从事杠杆交易的投资者账户强行实施平仓，以及责令上市公司临时停牌与停市，登记结算机构可以对显失公平的交易结果采取暂缓交收乃至取消交易，法院可以对内幕交易、操纵市场者等判令对受害人损害赔偿。这些标准的中心化措施，保护了交易秩序，维护了交易安全。交易的中心化架构也意味着管制和成本，限制了企业的营业自由，降低了企业的利润，因此，企业家们一直尝试“去中心化”创新，以规避中心机构的各种限制和管制。

在历史上，先后出现过两次著名的“去中心化”运动。在 12 世纪的欧洲，商人们构造了自己的商人法律体系，自己建立法庭并担任“法官”。借助灵活的商事裁判和执行机制，商人开始摆脱以王室法庭为中心的封建法律体系。①20 世纪以来，随着互联网的崛起，网络运营商成为互联网信息交互的集散地，其创建的指令发挥着“准法律”的作用，以此排除政府对网络空间的介入和监管。这两次运动的目的都为了形成

① 参见王延川：《现代商法的生成：交易模型与价值构造》，法律出版社 2015 年版，第 39—42 页。

一个自治场域，以实现交易秩序去中心化的目标。① 但是，细究起来，这两次创新与其说实现了去中心化的目标，毋宁说是用一种中心取代了另一种中心，商人法庭代替王室法庭作为正义输送机关，网络运营商和服务提供商等代替政府发挥网络治理作用，交易的中心化架构依然未得到根本性改变。② 即使遭遇失败，但人们始终没有放弃去中心化的努力。

第一节　区块链去中心化架构辨析

一、区块链去中心化意义

区块链被认为是记账技术的革新。传统账本要么是分散式的，如用户各自存储的账本；要么是集中式的，如银行存储的账本。区块链结合了这两种特质，即区块链账本在逻辑上是集中的，只有一个统一的分类账，但在物理上却是分散式的，许多节点保存该分类账的副本，没有主副本。③ 区块链的目的是通过分布式分类账技术实现“全民（统一）记账”的功能，代替中心机构的单一存储信息。区块链众多记录信息的节点并非孤立，而是处于不断通信状态，保持信息记录同步的规则称为中本共识。④ 中本共识意味着每笔交易只有一个唯一和有效的记录，即使

① See Peter Mazzacano，The Lex Mercatoria as Autonomous Law，CLPE Research Paper 29/2008 Vol. 4，No. 6（2008）.

② 互联网的兴起并没有消除中介，而是改变了它们。它创建了一大批新中介，其中最重要的是互联网服务提供商、搜索引擎、浏览器、物理网络等，See Goldsmith，Jack L.，and Tim Wu，Who Controls the Internet? Illusions of a Borderless World，Oxford UP . 70，（2006）。

③ See Albert Wenger，Bitcoin：Clarifying the Foundational Innovation of the Blockchain，Continuations（Dec. 15，2014），http://continuations.com/post/105272022635/bitcoinclarifying-the-foundational-innovation-of.

④ See Casey Kuhlman，What Are Ecosystem Applications，ERIS INDUSTRIES BLOG（June 5，2016），https://db.erisindustries.com/eris/2016/06/05/ecosystem-applications/.

一笔交易被记录在分类账的许多副本中，这些记录也必定保持一致。区块链产生了两个根本优势：其一，分布式分类账的内容是同步和同一的，而且只能添加，不能移除和修改；其二，单个分布式分类账代替了许多为了保持一致而必须协调的私人分类账，从而降低了交易成本。

区块链解决了交互过程中长期存在的信任问题，使交互者在不将交互记录过程委托给中介机构的情况下可以跟踪其交互，也绕过了各种监管机构。① 由于交互者不依赖外部中介即可达到信任交互的效果，区块链被认为是去中心化（decentralize）的伟大技术创新。国外有学者认为，区块链技术开创了大规模分散化的新时代，其中人为因素变得最小化，信任从中央组织的人类代理转变为开源代码。在这样的分布式架构中，“代码即法律”：协议是开源的，任何人都可以检查；网络不是由任何单一实体拥有或控制；数据是由所有节点同时保持，从而保证了正确的冗余。[15] 代码的中立性、交易的分布式共识和可审计性可以显著减少或克服集中组织决策过程中固有的摩擦和失败（例如缺乏透明度、腐败、胁迫等）。因此，许多新的权力下放治理模式和服务可以在没有政府监督的情况下，通过这个组合来实施和体验。

在区块链上，交互不再依赖中心机构，而是由分布在世界各地的计算机网络在开源软件上运行，截至 2019 年 2 月 12 日，比特币网络包含 10601 个节点，以太坊网络包含 7591 个节点，这些节点分布在世界各地。据说，比特币还有大约 6 万个隐藏节点。这些计算机节点如此之多和隐秘，政府根本不可能进行控制。② 同时，区块链具有不可篡改性，除非节点算力的

① See Casey，Michael J. and Vigna，Paul. 2018. The Truth Machine：The Blockchain and the Future of Everything. London：Harper Collins. p.9.

② “分散式网络参与者的匿名性与区块链的技术特性阻碍了政府对网络的有效控制。” Aleksei Gudkov，*Control on Blockchain Network*，42 NOVA L. REV. 353，374（2018）.

51% 支持，没有人（包括政府）能够变更其中的记录。由于交互记录控制在用户自己手中，产权登记机构、银行和法院中介机构将被替代。虽然区块链上的交互仍然需要信任，但是该信任为“去中心化信任”或“通过计算的信任”，或“无需信任的信任”，① 交互者无需信任任何人，只需要信任区块链这台“信任机器”即可。② 区块链奉行“代码即法律”，代码控制整个区块链的运行，代码开发的过程也是去中心化的。区块链代码由核心开发人员撰写，在运行过程中，任何人都可以通过标准化的提案流程提出变更建议，事实上，来自全球的许多志愿人员都先后提出了建议。

二、去中心化网络的自有风险

区块链是一把双刃剑，和历史上其他技术一样，它给社会带来福利的同时也带来了风险，这些风险内置于区块链系统，属于区块链的自有风险。

第一，去中心化易产生系统化风险。以区块链 1.0 比特币为例。比特币的价值完全依靠其利害相关人的共识，导致价格非常不稳定。③ 比特币缺乏中央银行的统一调配，货币的发行得不到良性控制，其结果必

---

① See Reid Hoffman，The Future of the Bitcoin Ecosystem and “Trustless Trust” — Why I Invested in Blockstream，LINKEDIN（Nov. 17，2014），https://www.linkedin.com/pulse/20141117154558-1213-the-future-of-the-bitcoinecosystem-and-trustless-trust-why-i-invested-in-blockstream. 还有一种说法是“在一个无需信任的世界里进行信任转让”。See Mohit Kaushal and Sheel Tyle，The Blockchain：What It Is and Why It Matters，BROOKINGS TECHTANK，http://www.brookings.edu/blogs/techtank/posts/2015/01/13-blockchain-innovationkaushal.

② See The Trust Machine，ECONOMIST（Oct. 31，2015），http://www.economist.com/news/leaders/21677198-technology-behind-bitcoin-couldtransform-how-economy-works-trust-machine. See also Adriano and Monroe，The Internet of Trust，FINANCE & DEVELOPMENT，June 2016，http://www.imf.org/external/pubs/ft/fandd/2016/06/adriano.htm.

③ 2010 年，美国有人用一万枚比特币仅仅买到了两份披萨，2017 年年底，比特币价格曾飙升至 20000 美元的高点，此后又于 2018 年 12 月跌至 3100 美元的低点，2021 年 1 月，比特币价格达到了 4 万美元的高位。

定会导致经济波动，难以被纳入国家管控之中。2017 年 3 月 11 日，美国证券交易委员会否决了首例比特币交易基金的上市申请，此后相关当事人又提起申请，但还是被否决。美国证券交易委员会在 2018 年 1 月 19 日发表的正式声明中揭示了原因：（1）加密货币市场波动性过大，难以对其准确估值；（2）加密货币缺乏流动性；（3）加密货币保管权难以确定；（4）基金套利机制难以预估；（5）存在潜在市场操纵风险。美国证券交易委员会表示，直到上述问题圆满解决，否则将不会通过任何加密货币的相关产品。①比特币的发行和交易跨越国家界限，在一定程度上会削弱国家金融体系的稳定，给全球经济带来风险。

第二，去中心化易招致不公正的交易结果。以区块链 2.0 智能合约为例。传统合同是不完备合同，当事人可以诉诸法院或者仲裁机构解决纠纷。智能合约基于昂贵的代码编写费用，更是一种不完备合约。但是，由于智能合约由源代码构成，通过软件自动执行，且一旦启动则不能更改，这就排除了第三方的干预，即使交易出现不公正的结果，当事人也不能“叫停”。这也意味着，合同法中有关合同撤销、无效、抗辩、解除甚至损害赔偿的规则对智能合约都失去意义，交易合法性、公平性、弱势群体保护等价值理念也形同虚设。②

第三，区块链的开源性质会导致交互者的隐私泄露。有些交互信息不具备隐私性和敏感性，可以在区块上共享，有些则反之。然而，用户只要在区块链平台上注册，就可以通过 App 查看和下载所有的交互记录，这就存在隐私泄露问题。目前防止隐私泄漏的方法主要是使用假名和加密，但是这些所谓防护措施并不保险。即使区块链在基于区块链的

① See https://www.sec.gov/divisions/investment/noaction/2018/cryptocurrency-011818.htm.

② 参见王延川：《智能合约的构造与风险防治》，《法学杂志》2019 年第 2 期。

系统上存储记录时使用假名的公共地址，私人行动者仍然可以使用复杂的数据挖掘和大数据技术将区块链交易与特定的身份关联起来，得克萨斯大学奥斯汀分校（University of Texas at Austin）的研究人员通过将排名和时间戳与互联网电影资料库（IMDB）数据库中获得的公共信息进行比较，打算将 NETFIX 公司的电影排名数据集去匿名化。

三、去中心化架构的“中心化”处理实例

（一）去中心化质疑

区块链去中心化这个概念是自相矛盾的。首先，区块链在政治和架构上固然是分散的，但在逻辑上却是集中的，因为网络中的节点必须通过共识达到“普遍同意的状态”，所以，网络中虽然有成千上万台计算机，但这些计算机最终“表现得像一台计算机”。① 其次，由众多计算机形成的统一的“一台计算机”以及“普遍同意”需要与各种机构如平台对接，从这个角度上而言，区块链不仅仅是一项技术，它更是一种具有逻辑的基础设施。② 区块链建立在平台和交易所之上，这些基础设施本身就属于中心化架构，需要用户建立起对机构的信任。譬如，用户需要对区块链的钱包 ③ 有一定的信任度，原因是它们存储用户的私人密钥副本。所以，区块

---

① See Vitalik Buterin, *The Meaning of Centralization*, MEDIUM（Feb. 26, 2017), https://medium.com/@VitalikButerin/the-meaning-of-decentralization- a0c92b76a274 [https://perma.cc/QLE5-4NJQ].

② See Singh, Rajnish. 2017. EU must work to enable blockchain technology. The Parliament Magazine, 7 November. www.theparliamentmagazine.eu/articles/opinion/eu-must-work-to-enable-blockchain-technology.

③ 数字钱包是一种“存储私钥和公钥的软件程序”，它使区块链用户“能够发送和接收数字货币并监控其余额”。See Ameer Rosic, *Cryptocurrency Wallet Guide: A Step-By-Step Tutorial*, BLOCKGEEKS, https://blockgeeks.com/guides/cryptocurrency-wallet-guide/ [https://perma.cc/EF9B-LM4Z].

链在理论和技术上可以是去中心化的，但在运行中难以排除中心机构。

（二）去中心化网络的人力辅助

用户可以通过多个智能合约在以太坊上构建去中心化的分散式自治组织（DAO）。虽然设计人员对外宣称分散式自治组织的运行没有人力介入，但实际上并非如此。譬如，2016 年以太坊上运行的私募基金合约 The DAO，其中出现了几个作为人类的“负责人”(curators)，① 其任务之一是确认提交项目建议书者的身份，从而支持 The DAO 的运行。② 虽然技术人员对外声称负责人只是从事对 The DAO 没有重大控制的相当机械的任务，但美国证券交易委员会却认为，负责人的作用具有实质性意义。③ 所谓 DAO 去中心化的说法遭到质疑。

第二节　区块链新中心化架构的产生

一、区块链生态系统

区块链是一种生态系统，实质上是利害相关人的结合。以比特币为例，其最重要的利害相关人是核心开发人员、“矿工”、节点、用户，这些成员之间各自分工，共同实现网络的权力平衡。④

---

① See DAOHUB（July 4，2016），https://daohub.org [https://web.ar-chive.org/web/20160704185955/https://daohub.org/].

② See Stephen Tual，On DAO Contractors and Curators，SLOCK.IT BLOG（Apr. 9，2016），https://blog.slock.it/on-contractors-and-curators-2fb9238b2553 [https://perma.cc/JA87-377D].

③ See Securities and Exchange Commission，Report of Investigation Pursuant to Section 21（a）of the Securities Exchange Act of 1934：The DAO，Release No. 81207，July 25，2017，at 7，8.

④ See ConsenSys（2016）The DAO Heist FAQ Part II. Medium，6 July 2016. https://media.consensys.net/the- dao-heist-faq-part-ii-b10ce890ffdf.

1. 核心开发人员。核心开发人员拥有比特币的代码权，具体而言就是撰写代码，针对体现在代码中的规则进行决策，审查代码，并通过修改代码而变更比特币运行规则。① 核心开发人员是比特币用户信赖的源泉。

2. “矿工”。“矿工”在比特币网络中拥有两项主要权力：其一是比特币的记账权，这是“矿工”最为基础的权利，“矿工”们竞争挖矿，其中的优胜者挖出一个新区块，并得到比特币奖励。其二是表决权，即技术开发人员对代码和规则修改时需要得到“矿工”们 51% 以上算力的批准。技术开发人员和“矿工”之间如果形成合作关系，可以重写区块链数据库的交易历史，或通过其他方式改写信息的存储、处理和记录方式。

3. 节点。节点在比特币网络中的主要权力是对信息进行记录，即保存区块链副本。节点通过 P2P 网络发现和保持与其他节点的连接。当从网络上接收到一个新块时，他们会检查该区块是否有效，如果有效，节点将其添加到区块链的本地副本，并向网络中的其他节点广播。节点和“矿工”可能存在身份交叉关系。

4. 用户。用户的任务是提出一个新的交易，譬如，购买和出售比特币。为了参与交易，他们在本地计算机上运行开源代码，或者购买一个专用的硬件钱包。用户还有负责监督全节点并维护比特币价值的权力。

---

① 核心开发人员定期会在网上举行公开会议，网络中的节点和“矿工们”可以收听到这些会议内容。*See* ETHEREUM FOUND，*Ethereum Core Devs Meeting #64* [*2019-07-05*]，YOUTUBE（July 4，2019），https://www.youtube.com/watch?v=2D_DqJ8jL9Y&feature=youtu.be&t=226 [https://perma.cc/T4XN-R2C8].

二、区块链的事实“主宰者”

（一）核心开发人员：区块链系统的“立法者”

就理论上而言，区块链被认为是开源的，即任何人都可以查看其代码并提出改进建议，但是，实际上比特币的代码开发却并非完全开放和无权限进入的，只有核心开发小组才有访问密码的权限，对被称为“比特币核心”的软件版本进行更改。① 这个核心开发小组受比特币基金会领导，后者于 2012 年 9 月成立，其目标是向开发人员付费，保证其专职从事技术开发，优化比特币运行网络，建立合法性并获得用户对比特币生态系统的信任。这些核心开发小组形成了狭义上的比特币治理集团，② 实际上控制着比特币网络。

（二）专业矿池的出现

由于技术和财力在比特币挖矿活动中日益集中，改变了比特币最初的完全分布式挖矿架构，出现了专业矿池。

首先，挖矿从使用家用计算机转变为使用专业矿机。最初的比特币网络，由于参与的“矿工”数量有限，任何拥有个人计算机的人都可以轻松地进行挖矿。随着比特币的使用量增加以及价值提升，采矿的经济诱因日益增长，“矿工”数量也越来越多，在竞争中专门用于挖矿的专用硬件设备（ASIC）代替了家用计算机。中本聪在 2008 年就曾写

---

① See Catherine Martin Christopher，The Bridging Model：Exploring the Roles of Trust and Enforcement in Banking，Bitcoin，and the Blockchain，（2016）17 Nevada L.J. 1，p. 12.

② See Gasser，U.，Budish，R.，West，S. M.，Multistakeholder as Governance Groups：Observations from Case Studies. January 14，2015. *Berkman Center Research Publication No. 2015-1.* Retrieved from http://ssrn.com/abstract=2549270.

道，“起初，大多数用户都将运行网络节点，但随着网络的增长超过特定点……将会越来越多地交给拥有专用硬件服务器的专家”。拥有专业技术和专业设备的专业“矿工”拥有远远超过个人用户的采矿能力。①

其次，挖矿从由“矿工”单独进行转变为由矿池进行。由于区块链是只附加数据库，网络上的每个新交易都会导致区块链增长。区块链越大，对存储、带宽和计算能力的要求就越高，②挖矿变成一个利润稀薄的产业，同时也就只有很少的个人或实体投入资源来维护共享数据库。加上比特币的数量不断减少，挖矿要求的计算力也越来越大，“矿工”组合一起共享哈希能力，这个组合就是矿池，“矿工”根据挖出一个区块的贡献分割奖励。早在 2014 年，一个采矿池（GHash）控制了比特币 50% 的散列能力。2017 年 12 月，四个矿池控制着超过 50% 的比特币网络，两个矿池控制了 50% 以上的以太坊。2018 年 7 月 3 日，排名前六的矿池占据矿池 79.2% 的份额，分别是 BTC.com（25.5%）、蚂蚁矿池（14.5%）、SlushPool（11.0%）、ViaBTC（10.0%）、BTC.TOP（9.2%）、F2Pool（9.0%）。2019 年，排名前 6 的矿池垄断比特币 71.5% 的算力，未加入矿池的独立算力不足总算力的 7%。与个人“矿工”相比，加入矿池有两个显著优势：一是可以分摊运行比特币全节点所需要的存储和带宽成本；二是通过和其他“矿工”分享收益，可以提高挖矿的回报率，据统计，2018 年，94% 的比特币由矿池所属的地址挖到。

矿池的出现削弱了区块链的去中心化功能，因为少数大型矿池在区

---

① See Gervais，A.，Karame，G.，Capkun，S.，and Capkun，V.，Is Bitcoin a Decentralized Currency? *IACR Cryptology ePrint Archive*，*2013*，p.10.

② See Kieren James Lubin，Blockchain Scalability，O’Reilly Media，January 21，2015，https://www.oreilly.com/ideas/blockchain-scalability.

块链网络中将拥有很大的话语权，并且有可能通过勾结来接管网络。①同时，矿池更容易遭受 51% 的攻击。2015 年 3 月 7 日，五个比特币矿池遭到 DDoS 攻击，攻击者要求五到十个比特币来结束攻击，攻击使得“矿工”在 6 个小时内无法挖矿。

虽然人们普遍认为比特币是去中心化的交易网络，但其实质上已经演变成为一个高度集中的网络，由日益垄断的技术寡头所统治。②这些寡头由代码开发人员、“矿工”等技术和金融科技人员组成，由于他们都是计算机专家，在用户共识和计算机代码之间充当守门人角色，比普通节点具有更强的影响力，会非常容易取得特权地位，成为规则制定者，让用户逐渐沦为被动的服务接受者。

三、硬分叉：技术精英之间的博弈

理论上而言，区块链的运行依靠共识算法，由大量节点去维护，但实际上，真正操控者却是核心开发人员和“矿工”。在区块链这样的分布式网络中，就协议变更达成共识可能是一项相当具有挑战性的任务，由于核心开发人员和“矿工”在许多重要问题上的分歧，容易导致比特币出现硬分叉。③所谓硬分叉是区块链上一个永久性分歧，主要发生在这样的情况下：当新的共识法则发布后，没有升级的区块不能验证已经

① See Kieren James Lubin，Blockchain Scalability，O'Reilly Media，January 21，2015，https://www.oreilly.com/ideas/blockchain-scalability.

② See P. De Filippi and B. Loveluck，The Invisible Politics of Bitcoin：Governance Crisis of a Decentralised Infrastructure，Internet Policy Review，Vol. 5，Issue 4.（2016）. Marcella Atzori，Blockchain Technology and Decentralized Governance：Is the State Still Necessary? https://ssrn.com/abstract=2709713.

③ See Primavera De Filippi and Benjamin Loveluck，The Invisible Politics of Bitcoin：Governance Crisis of a Decentralized Infrastructure，Internet Policy Review 5，no. 3（2016）：1—28.

升级的区块。硬分叉是和软分叉相对的概念，按照官方解释，所谓软分叉是区块链上一个暂时性分叉，主要发生在这样的情况下：当“矿工”用没有升级的区块验证一个新的共识法则，而且他们的区块并不知道新共识法则的存在。

1. 以太坊硬分叉

（1）The DAO 漏洞和以太坊分裂

2016 年 6 月 17 日，一名黑客发现以太坊上运行的私募基金“The DAO”存在漏洞，[①] 并利用这个漏洞，按照代码认可的方式从 The DAO 账户转出总额 5000 万美元的 360 多万枚以太币。[②] 事发后，以太坊社区针对黑客行为的“合法性”展开激烈辩论，一方认为属于盗窃行为，另一方则认为黑客的操作符合代码，基于代码经过 The DAO 的所有投资者同意，因此，黑客的行为属于网络空间中的“合法”行为。[③] 最终，以太坊核心开发团队创建了新版本网络，并修改了以太坊的底层代码，所有的节点、

① 区块链的操作风险源于以下几点：（1）软件有漏洞；（2）软件易受攻击；（3）软件通过新版本不断变化；（4）很少有人了解软件如何工作。See Walch，Angela，“The Bitcoin Blockchain as Financial Market Infrastructure：A Consideration of Operational Risk”，Journal of Legislation and Public Policy，Vol. 18：837，page 865（引用自 Federal Reserve Policy on Payment System Risk，79 Fed. Reg. 67326，67333（Nov. 12，2014））。

② See Nathaniel Popper，A Hacking of More Than $50 Million Dashes Hopes in the World of Virtual Currency，N.Y. TIMES，https://www.ny-times.com/2016/06/18/business/dealbook/hacker-may-have-removed-more-than-50-million-from-experimental-cybercurrency-project.html [https://perma.cc/PVZ3-R2K6]；（June 17，2016）.

③ 对于当时的一些观点，参见 Reddit 帖子评论。See Vitalik Buterin，Personal Statement Regarding the Fork，REDDIT（June 17，2017），https://www.reddit.com/r/ethereum/comments/4oj7ql/per-sonal_statement_regarding_the_fork/ [https://perma.cc/625V-NY8M]；ETH2MOON，For All the People Who are Against the Hard Fork Let's Hear Your Alternative Solutions. . .，REDDIT（July5，2016），https://www.red- dit.com/r/ethereum/comments/4rbrdl/for_all_the_people_who_are_against_ the_hard_fork [https://perma.cc/L23V-CDCZ].

“矿工”、交易所和应用软件都要在旧网络和新网络之间进行选择。[①] 89%的“矿工”投票赞成核心开发人员作出的硬分叉决定并选择了新网络，11%的“矿工”决定停留在旧网络上，后者认为以太坊基金会开启了中心服务器功能，完全违背了区块链运行去中心化和不可逆的理念。硬分叉导致以太坊分成两个独立的区块链网络，即“以太坊”和“以太坊经典”。

（2）Parity 漏洞与硬分叉之争

2017 年，以太坊智能合约再次出现漏洞，导致用户 1 亿美元的以太币被冻结，[②] 以太坊基金会相关负责人表示，除非实施硬分叉，否则这些资金将无法得到释放。[③] 但是，这次以太坊基金会并没有作出硬分叉的决定，而是让以太币继续被冻结。当被问及原因时，以太坊创始人 Vitalik Buterin 解释如下：[④] 第一，生态系统还没有成熟；第二，风险占全部以太坊的百分比更多；第三，此次攻击和 2016 年的攻击不同，2016 年黑客无法将以太币从系统中转出，这次却可以，所以不能实施硬分叉。

2. 比特币硬分叉

（1）阻止硬分叉事例

2013 年 3 月 11 日，由于比特币 0.7 版本与比特币 0.8 版本不兼容，

---

① See Joon Ian Wong & Ian Kar, *Everything you need to know about the Ethereum "hard fork,"* QUARTZ（July 18，2016），https://qz.com/730004/everything-you-need-to-know-about-the-ethereum-hard- fork/［https://perma.cc/XWU4-Q9BP］.

② See Alex Hern，"$300m in cryptocurrency" accidentally lost forever due to bug，GUARDIAN（Nov. 8，2017），https://www.theguardian.com/technology/2017/nov/08/cryptocurrency-300m-dollars-stolen-bug-ether［https://perma.cc/7M2W-PY95］.

③ See Jon Neilson，*No Solution Found for Parity Wallet Bug That Froze 500000 ETH Worth $150M*，COINCODEX，https://coincodex.com/article/1054/no-solution-found-for-parity-wallet-bug-that-froze-500000-eth-worth-150m/［https://perma.cc/UKB2-XYGW］.

④ See VitalikButerin（@VitalikButerin），TWITTER（July19，2017），https://twitter.com/VitalikButerin/status/887783867129745412［https://perma.cc/LQG5-9GDP］.

比特币出现了分叉现象，当核心开发人员意识到存在分叉时，他们迅速联系并说服一家重要的交易所重新安装旧版本。由于该交易所控制了比特币系统内足够的计算力，将大多数人的共识转移回到比特币 0.7 版本，① 避免了比特币的硬分叉。

（2）区块扩容与比特币分叉

比特币区块最初被设计为 1 兆字节。核心开发人员认为字节设定阻碍了比特币的扩展和增长，2015 年 8 月 15 日，两个核心开发人员发布比特币客户端软件（Bitcoin XT），该软件接受并产生 8 兆字节的区块。该方案遭到“矿工”代表的批评：第一，增加区块容量上限将对系统的基本规则构成更改，导致区块的验证时间推迟。第二，增加区块容量将构成巨大的安全风险，可能危及整个网络。第三，认为这将导致比特币的运行更加集中，因为功能更弱的机器（例如家用计算机）将不再能继续处理区块，从而使系统更容易被少数大型计算机和矿池所掌控。② 在比特币社区，那些寻求比特币集中与分散的势力之间也产生了巨大分歧。③ 各种纷争分歧在 2017 年 8 月 1 日达到高潮，比特币分叉为比特币和比特币现金。④

通过这几个事件可以看出，在区块链上实施硬分叉并没有一致的标

① See Sarah Gruber，Trust，Identity，and Disclosure：Are Bitcoin Exchanges the Next Virtual Havens for Money Laundering and Tax Evasion?，32 QUINNIPIAC L. REV. 164，（2013）.

② See P. De Filippi and B. Loveluck，The Invisible Politics of Bitcoin：Governance Crisis of a Decentralised Infrastructure，Internet Policy Review，Vol. 5，Issue 4.（2016）.

③ See Block Size Limit Controversy，BITCOIN WIKI，https://en.bitcoin.it/wiki/Block_size_limit_controversy.

④ See Gareth Jenkinson，Forks in the Road：2017 Bitcoin Forks，COINTELEGRAPH（Jan. 3，2018），https://cointelegraph.com/news/forks-in-the-road-2017-bitcoin-forks.

准，因此，决策并非来自算法，而是来自核心开发人员与“矿工”之间的博弈。硬分叉是不是正确的选择有时很难判断，但结果一定是对核心开发人员或者“矿工”最有利的选择。有学者对此指出：“即使像比特币这样不断被审查的开源软件也可能存在信任问题，信任不是来自代码，而是来自代码的开发人员和审查人员。因此，无需信任的信任更多地是一个描述区块链上理想状态的术语，但在现实状态下，代码是法律，代码由人类编写，犯错的是人类。”① 借助于区块链，虽然可以排除现实权威机关人们交易的干预，却难以摆脱核心开发人员和强大的矿池的操控，所以，区块链一方面消除了中心化架构，另一方面又催生出新中心化结构。② 从这个角度上而言，区块链“去中心化”仍然难逃历史上创新失败的窠臼。

第三节　联盟链：区块链架构的再中心化

一、公有区块链的弊端与联盟链的产生

区块链具有去中介和跨国、公开、透明、防篡改、回弹、加密、假名、激励和低成本、共识、自主等性质，③ 这些性质成就了区块链的所谓去中心化架构，而且让区块链成为比较安全的网络。但是区块链也存在

① BTC Studios（2017，September 3）. Trustlessness in Action：Particl’s Model，Bitcoin Magazine. https://bitcoinmagazine.com/articles/trustlessness-action-particls-model/.

② 有学者认为，像比特币这样的加密货币“类似于传统的治理结构”，因为“许多决策过程并不明确且高效，并且用户没有得到实质的权力”。See Nick Tomaino，The Governance of Blockchains，MEDIUM（Feb. 28，2017），https://thecontrol.co/the-governance-of-blockchains-5ba17a4f5da6 [https://perma.cc/GL8E-Z2G8].

③ 参见［法］普里马维拉·德·菲利普、［美］亚伦·赖特：《区块链与法律：程式码之治》，王延川译，元照出版公司 2019 年版，第 46—61 页。

诸多问题，目前业界讨论较多的是其扩容和速度问题，前者一度让比特币产生分裂，后者让基于区块链的交易速度非常缓慢。除此之外，区块链还存在以下几个问题：

1. 资源浪费

开源和未经许可的区块链运行成本很大，因为要让众多的节点达成共识，支持区块链的工作量证明需要消耗大量能源，而且消耗与所花费的计算资源的数量几乎成线性关系，① 据统计，制造一枚比特币所需电量至少相当于美国家庭在两年内平均消耗的电量。连接到比特币的整个计算机网络每天消耗的能量与一个中等国家消耗的能量一样多。② 另外，在新区块的产生过程中，只有一个节点的计算能力具有效力，会获得奖励，其他节点的计算力纯属浪费资源。

2. 信息泄露

区块链属于开源性质，任何人都可以下载区块全部内容，这让区块链上的数据成为公共数据，③ 虽然区块链有加密和假名来保护用户信息，但是，借助于数据分析技术，用户的私密信息可能被获取甚至被公之于众。所以，区块链可以保护低层次的隐私，对于需要高度保密的数据，区块链的保护存在瓶颈。

---

① 以至于有人认为，新创建的比特币的价值可能大致等于所有竞争“矿工”所花费的总计算资源。因此“……从长远来看，制作一个比特币需要花费一个比特币”。See Tim Swanson，*Consensus-as-a-service：a brief report on the emergence of permissioned，distributed ledger systems*（6 April 2015）51，http://www.ofnumbers.com/2015/04/06/consensus-as-a-service-a-brief- report-on-the-emergence-of-permissioned-distributed-ledger-systems/）.

② See Nathaniel Popper，There Is Nothing Virtual About Bitcoin’s Energy Appetite，N.Y. TIMES，Jan. 21，2018，at B1.

③ See Zyskind，Guy. 2018. Defining Secret Contracts. Medium，4 April. https://blog.enigma.co/defining-secret-contracts-f40ddee67ef2.

3. 错误记录难以修改或删除

由于区块链的仅附加性质，一个区块链接在另一个区块之后，如果一个区块更改，同时也会更改该块以及所有后续块的哈希，因此，单方面对区块链记录进行修改或者删除变得困难或不可能，这被称为区块链的防篡改属性。① 但是，如果交易记录错误需要修改，或者交易信息敏感需要删除则与法律之间产生矛盾。②

联盟链是在扬弃传统区块链弊端的基础上产生的区块链形态，可以部分解决后者的问题：其一，节省资源。联盟链区块的验证并非建立在挖矿的基础上，而是由投票产生，避免了资源浪费。其二，运行速度快，由于联盟链的节点较少，每个区块的信息存量相对少一些，形成共识的速度较快。③ 其三，信息安全可以得到保障。有些企业和政府机构信息涉及高价值事务或具有敏感性，就可以采用联盟链的形式，因为联盟链的算法、协议和加密技术都会定期由安全专家以及政府进行审查和审计，可以抵御黑客的袭击，实现数据传输的安全性。其四，在联盟链上更容易纠正记录错误，可信节点通过修改其控制的记录副本纠正过去的错误，由于节点之间相互信任，并不会导致区块链网络分叉。

由于联盟链为完成特定的任务和功能而构建，将效率和客户的需求放在首位，可以保证交互透明，实现用户监督，保持信息真实，简化交互流程，提高社会治理效率。

---

① 当然，区块链的防篡改性也是相对的，由于存在 51% 攻击问题，区块链信息的真实性也时刻受到威胁。

② 参见《一般数据保护条例》第 16 条数据修改权，第 17 条数据删除权。

③ 比特币确认交易和生成区块需要花费数分钟的时间，而瑞波币交易只需几秒钟即可确认，成本大大降低。

二、联盟链的再中心化

虽然区块链会替代中心机构的角色，但该技术还是受到了众多中心机构的欢迎，为了防止自己被替代，同时又能利用区块链完善它们的数据存储技术，这些中心机构自己组建了联盟链。

未来的区块链可能会建立在集中平台和封闭、许可私有数据库基础上。在这样的安排中，可信节点存储分类账的副本，提供新块，并确定哪些用户可以访问平台。这就要求用户对区块链管理员有一定程度的信任，并假设其不会合谋欺骗交易参与者。在区块链上，共识依靠算法支持，但是在联盟链上，"共识过程由预先选择的一组节点控制"。① 为了保证沟通，有效解决问题，联盟链的节点通常由相互信任的机构充当。正如 Libra 开发人员指出的那样，Libra 的"创始成员均是享有盛誉的组织，因此他们不太可能从事恶意行为"。②

由于受信任节点的数量有限，联盟链不再需要资源密集型协议。有学者认为，许可型区块链本质上是中心化的，因为可以将节点视为联盟链的所有者。"区块链成为仅仅通过加密技术保护的分布式账本或数据库。"③ 同时，区块链的运行代码的编写也完全中心化了，由管理机构设计，其他人没有修改的权力。

---

① V. Buterin，On Public and Private Blockchains，Ethereum Blog，7 August 2015；D. Guegan，Public Blockchain versus Private Blockchain，Docu-ments de travail du Centre d' Economie de la Sorbonne，2017.

② Zachary Amsden et al.，THE LIBRA BLOCKCHAIN 24（2019），https://developers.libra.org/docs/assets/papers/the-libra-blockchain.pdf [https://perma.cc/UL9D-QMXK].

③ Harsh Agrawal，What Are Private Blockchains & How Are They Different From Public Blockchains? COINSUTRA（Sept. 15，2018），https://coinsutra.com/private-blockchain-public-blockchain/ [https://perma.cc/Q5Y8-RYNK].

截至目前，当人们提到区块链，还会认为它是去中心化的数据库，但实情并非如此。未来将是公有区块链与联盟链并行和竞争的时代，但二者都难以称为去中心化的区块链，因为前者被技术精英所控制，后者受有限节点的控制。在去中心化的区块链背景下，所谓“代码即法律”，① 共识算法而非人类是所有利害相关人遵守的基本规则。但是，随着公有链内部的技术精英和联盟链有限节点的出现，区块链虽然还是由客观代码支持，但技术精英和有限节点的主观意图开始彰显，② 在一定程度上可能会逾越共识算法。2018 年 9 月，比特币频频出现漏洞，但核心开发人员却将漏洞细节保密，不在社区公告。通过 Bitcoin Core 漏洞报告系统，一个匿名人士报告了一个漏洞，该漏洞可以对 Bitcoin Core 客户端进行分布式拒绝服务攻击。在分析这个报告的漏洞时，又发现了第二个漏洞，该漏洞使“矿工”能够人为地膨胀比特币供应。比特币核心开发人员一直将第二个漏洞对外保密，直到向社区发布了两个漏洞的补丁为止。后来，一个人自己发现了第二个漏洞，比特币核心团队发布了对漏洞和相关时间轴的重新统计。③ 即使区块链技术完美运行，潜在的“人为失误和腐败”仍然是一个难以忽视的问题。④ 区块链的核心开发人员和矿商的决策会影响到区块链生态系统中的利害相关人，譬如，以太坊硬分叉会给投资者带来损害，而拒绝硬分叉从而让以太币继续冻结却

① 参见［法］普里马维拉·德·菲利普、［美］亚伦·赖特：《区块链与法律：程式码之治》，王延川译，元照出版公司 2019 年版。

② See Kevin Werbach, *Trust, but Verify: Why Blockchain Needs the Law*, 33 BERKELEY TECH. L. J. 494 (2018).

③ *See CVE-2018-1744 Full Disclosure*, https://bitcoincore.org/en/2018/09/20/notice.

④ See Adam Sulkowski, *Blockchain, Business Supply Chains, Sustainability, and Law: The Future of Governance, Legal Frameworks, and Lawyers*? 43 DEL. J. CORP. L. 303, 320 (2018).

会损害用户的利益。联盟链中的有限节点如果勾结起来会轻易修改区块链内的数据甚至底层代码。此时“代码即法律”非但不能保护弱势利害相关人的利益，反而成为损害后者利益的借口。在区块链新中心化和再中心化的背景下，既然精英和有限节点已经成为其他利害相关人的信赖对象，就需要建立前者对后者的信义义务，以代替法律不足带来的权利义务真空。

【问题与思考】

1. 举例说明区块链可以服务于哪些社会服务领域？

2. 联盟链存在主节点与副节点现象与区块链的“对等网络”性质有无矛盾？

3. 如果联盟链使用过程中给用户带来损害，节点承担责任的基础是什么？

4. 如何对区块链的社会服务功能进行监督？

【参考书目】

1. 林少伟译：《链之以法：区块链值得信任吗？》，上海人民出版社 2019 年版。

2. 王延川译：《区块链与法律》，元照出版社 2019 年版。

3. 王延川、郭明龙译：《批判区块链》，上海人民出版社 2019 年版。

4. 汤道生等：《产业区块链》，中信出版社 2020 年版。

5. Swan，M.（2015）. Blockchain：Blueprint for a New Economy. Sebastopol，CA，USA：O'Reilly.

6. Shackelford，S. J.，& Myers，S.（2017）. Block-by-block：

leveraging the power of blockchain technology to build trust and promote cyber peace. Yale JL & Tech.，19，334.

7. Atzori，M.（2015）. Blockchain Technology and Decentralized Governance：Is the State Still Necessary? *SSRN Electronic Journal*. https://doi.org/10.2139/ssrn.2709713.

8. De Filippi，P. & Hassan，S.（2016）. Blockchain technology as a regulatory technology：From code is law to law is code. *First Monday*，21（12）. http://firstmonday.org/ojs/index.php/fm/article/view/7113/5657.

9. De Filippi，P.，Lavayssière，X.（2018）. Blockchain technology：toward a decentralized governance of digital platforms? In Bollier，D. & Grear，A.（eds.）The Great Awakening.

10. De Filippi，P.，& Loveluck，B.（2016）. The invisible politics of bitcoin：governance crisis of a decentralized infrastructure. https://papers.ssrn.com/sol3/papers.cfm?abstract_id=2852691.

附录一　通证经济与未来政府

依托区块链技术搭建的“新基建”设施将所有数据都真实地存档，并且便于追溯，难以篡改，无法抵赖，再结合人工智能和大数据分析技术，十分便于管理当局的监管和治理。本书中提到的通证带来的“激励与惩罚”机制，对于国家监管来说，通证经济能够帮助国家细化监管。对于这点，1991 年从苏联独立出来的爱沙尼亚共和国为全世界提供了成功经验，该国重新思考政府管理角色，更新运作模式和服务方式，并通过互联网技术达成治理的目标。

在爱沙尼亚数字政府模式中，有几种运作模式值得我们借鉴。2016 年，数据安全初创企业 Guardtime 宣布与爱沙尼亚电子卫生基金会合作（Estonia eHealth Foundation），利用区块链技术保证 100 万份病人医疗记录安全。从 1997 年就开始建设的爱沙尼亚电子政务系统内已经包含了电子病人记录。而在整合 Guardtime 技术之后，爱沙尼亚政府希望用“独立的法医品质的审计线索”保护这些数据安全。

根据一项日本电子政府的排名调查，爱沙尼亚拥有世界上第五大电子政府系统。报告指出，在爱沙尼亚的案例中，除使用新兴技术的政府外，大多数指标在经合组织国家中都高于平均水平。这个指标评估了云计算、大数据和物联网的使用情况。

而在这份研究中，中国排到了第 44 位，落后于日本、韩国、俄罗斯、印度。在数字化方面，中国的无现金支付走在世界前列，现今在中国，只需要带上小小的手机就能在街边的小店购买商品、能够为自己订一份美味的外卖，毫无疑问这些都是中国在数字化社会上的杰出成就，但是与爱沙尼亚相比，中国社会的很多角落仍然存在着巨大的数字化改进空间，而我们也不能仅仅满足于用手机点餐。

爱沙尼亚为每一位公民将来自不同渠道的各类健康信息实时整合进单一的记录，而这些记录并不保存在一个单一的数据库。每位公民均有权访问查阅自己的记录，且有权决定哪个医生查阅。

这些就是通证经济管理的切入点，因为区块链的特性让政府管理能够实现高层级的目标：

1. 权利透明，公民通证身份认证让他们承担更多的社会责任。公民从民意大会中得到信息并记录在个人通证信息中。

2. 安全性可靠，通证经济时代得以真正实现人人平等不受歧视。执法者与违法者的所有记录都不会遗失，并可以被查阅和追踪。

3. 包容性强大，通过通证的指定，区块链系统可以让所有贡品都参与社会事务。公民可以平等享受社会公共服务及社会保障，法律保障了大家要对自己行为负责。

4. 价值的细分，区块链系统为所有利益相关者设定激励机制，并对公民负责而非大资本。

法律无法推进到道德底线，但现代社会需要多维度来衡量指导公民行为。违反道德的行为会被记录，并通证化永远记录在链上。

附录二　集中管理的版权集成中心

英国“版权集成中心”的设计理念代表了数字版权交易平台的最新趋势，值得借鉴。其在规划之初就将数据标准化建设作为重点，在对行业内版权数据现状与问题调研后，提出了一整套数据标准化方案，并成立“数据模块专项组”专门负责制定标准与研发技术。该工作组由英国出版商许可协会（PLS）牵头召集，成员主要来自图书、音乐、影视等版权组织，针对媒体标准体系庞杂各异的问题，采取不同于传统媒介产品所使用的国际标准书号（ISBN）、国际标准音像制品编码（ISRC）等标准化方案，建设全新的统一标识符系统，以提升版权信息的互通性，从而为版权许可自动化及版权交易标准化奠定基础，并实现对包括“孤儿作品”在内的所有版权资源的登记、交易与使用监测，实现有效的利益分享、冲突解决与版权保护。

附录三　我国著作权联盟现状及发展

利用区块链技术进行侵权证据的固定具有可行之处，国内许多企业已经进行尝试。如百度公司开发地图腾系统，该系统结合百度人工智能识图技术，可以为著作权人实现版权确权、作品传播、许可授权、版权监测等服务，通过重塑版权资产价值链，帮助版权人获取多元价值，在该平台上的原创图片都通过时间戳的方式记载其版权人、图片的特定参数信息，图片的流转环节也实时进行记录，在监测到侵权行为时也可以实现信息的及时记录。在图片的交易方面，借助百度用户量大的特点也可以将图片展现给潜在的用户，从而有助于图片的交易。类似的区块链平台还有诸如蚂蚁金服区块链平台实现法院、公证处、权利人、蚂蚁金服公司、注册登记机构等节点共同见证、共同背书，为起诉人提供一站式服务。纸贵科技打造纸贵区块链版权存证平台，可以提供确权存证服务，为了打击盗版开发侵权取证工具，与公证处进行合作，推出在线公证服务。迅雷公司开发出“互联网视听作品版权监测系统”，可以实现对于互联网视频的版权监测，为首都版权产业联盟提供技术支持。

目前中国版权协会版权监测中心也积极与第三方技术公司进行合作，开发出了“指纹特征比对技术”，并且结合人工智能搜索技术，云计算及版权大数据技术从众多的网络信息中快速检索到侵权内容，能够实现全天候的版权监测维权服务，同时该中心通过 12426 平台为权利人提供版权保护服务，同时配合国家版权局为打击盗版发起的“剑网”行动提供技术支持。

附录四　北京互联网法院成立背景与“天平链”建设情况

2018年9月9日成立的北京互联网法院，以“网上案件网上审理”为基本理念，电子证据的重要性更加凸显，而电子证据由于易变性、易改无痕等特点，导致涉网案件存证难、取证难、认定难。面对互联网纠纷及电子证据认定的新特点、新规律、新需求，北京互联网法院建设了国内首个由互联网法院主导建立、产业各方积极参与的司法联盟链——“天平链”。

天平链是互联网法院践行互联网法治空间主动治理的探索，如果大部分互联网平台容易发生纠纷的高风险业务都事前在“天平链”上进行证据固化，那么互联网业务的参与方再进行作假抵赖的成本就非常高，大家就会选择遵守规则，互联网就会变得更加有序，通过这种规则的前置达到互联网空间主动治理的目的。

1.“天平链”建设思路

依据中立、开放、安全、可控的建设理念，选择技术支撑时强调底层技术的最大化的国产性应用，保护数据安全。

坚持国家级政策指导、组团式建设联盟、北京互联网法院与国家工业信息安全发展研究中心、百度、信任度科技组建建设联盟，各方以联盟的形式参与建设，充分发挥各家优势，确保“天平链”建设的技术模型科学，建设过程扎实，技术方向正确。

根据问题导向，起初围绕电子证据的存证难、易篡改、验证成本高的痛点难点问题，全流程记录、全链路可信、全节点见证，发挥了“天平链”提前固化电子证据材料和不易篡改、追溯防伪的优势，极大地提高电子证据的可靠性和证明力，降低当事人的维权成本。

注重需求导向，强化知行合一，关注法官的技术使用过程，注重从实践中迸发需求，形成了技术贴合法官、贴合审判的场景突破方法。

坚持求真务实的理念，用制度规范和标准化建设，加强数据上链前的标准化、合规性水平，缩小技术支撑和司法判断的差距，以期最大化贴近客观真实。

根据职责找管理节点，按案件类型找“朋友圈”的联盟接入方法，准确有效地接入数据，避免无用数据接入导致的数据冗余，助推了联盟链的高质高效运行。从互联网法院受理的十一类案件中寻找接入单位，包括公证处、司法鉴定中心、第三方存证机构以及版权机构、金融单位等。

采用分层分级的顶层设计，根据联盟治理结构，采用强中心、多点维护的原则，分为核心节点、一级节点、二级节点、应用单位四个层级。北京互联网法院是核心节点。一级节点是司法机构和行业组织，参与“天平链”共识、数据校验与记录。二级节点不参与“天平链”共识，仅做数据校验与记录。其他接入的公司则只对接存证服务，不具备“天平链”的治理权。做到可管可控，预留进一步整体提升的空间。

2.“天平链”技术架构

“天平链”从底层构架上由基础层、核心层、管理层、服务层、应用层（“天平链”电子证据存证平台）等组成。技术结构如图所示：

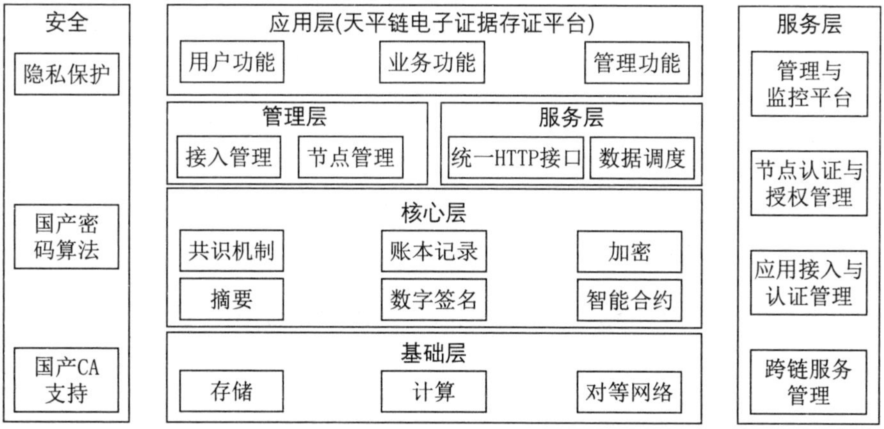

“天平链”技术架构

（1）基础层

基础层实现“天平链”系统网络中信息的记录、存储、验证和传播。区块链是建立在传播机制、验证机制和存储机制基础上的一个分布式系统，整个网络没有中心化的硬件或管理机构，任何节点都有机会参与总账的记录和验证，将计算结果广播发送给其他节点，且任一节点的损坏或者退出都不会影响整个系统的运作。

（2）核心层

核心层包括共识机制、账本记录、数字签名、时序服务、智能合约等功能。

➢ 共识机制

负责协调保证“天平链”各节点数据记录一致性。在共识机制的协调下，共同步各节点的账本，从而实现节点选举、数据一致性验证和数据同步控制等功能。

“天平链”属于面向政府机构、企业和产业联盟提供的联盟链服务，支持可插拔的共识服务框架，可采用多种安全、高效共识算法，可以根据不同的使用场景以及安全和性能等不同需求选择合适的共识算法。

基于“天平链”的数据哈希存证的业务特点以及“天平链”各节点安全管理的现状，同时考虑到效率问题，当前配置的是基于Kafka的高速共识算法。即基于Zookeeper（分布式服务框架）的Apache Kafka（分布式消息系统）的共识。共识分为三个阶段：背书阶段、排序阶段和验证阶段。该算法对总节点数没有特定要求，能容忍半数以下节点发生故障。

背书节点对交易请求包背书（签名）、排序服务对被认可的交易进行排序，确保交易顺序的一致性、记账节点获取有序事务块并验证其结果的正确性，包括检查背书策略和重复提交攻击。

➢ 账本记录

负责“天平链”系统的信息存储，包括收集交易数据，生成数据区块，对本地数据进行合法性校验，以及将校验通过的区块加到链上。账本层将上一个区块的摘要值嵌入下一个区块中组成块链式数据结构，使数据完整性和真实性得到保障，这正是区块链系统防篡改、可追溯特性的来源。典型的区块链系统数据账本设计，采用了一种按时间顺序存储的块链式数据结构。

“天平链”采用基于账户的数据记录方式，基于账户的数据模型可以更方便地记录、查询账户相关信息。包括区块账本、状态账本和历史账本三种账本。

区块账本：记录智能合约的交易记录，保存在文件中。

状态账本：保存智能合约数据的最新状态，保存在KV（Key-Value）数据库中。

历史账本：保存所有智能合约执行交易的历史记录索引，保存在

KV数据库中。

➢ 电子数据摘要（哈希值）

电子数据摘要是对文件内容数据通过逻辑运算得到不可逆的唯一数据散列值。账本层将上一个区块的摘要值嵌入下一个区块中组成块链式数据结构，使数据完整性和真实性得到保障，这正是区块链系统防篡改、可追溯特性的来源。“天平链”在将数据保存到区块链上之前，可以将敏感的数据或文件通过数字摘要的方式，将其数据指纹保存在区块链上。可以把数据通过安全的加密方式，将敏感的隐私数据保护起来。

➢ 加密

加密是利用密码算法和密钥对原始数据进行变换，确保数据的机密性不受到破坏。“天平链”各节点消息传递采用基于国产密码算法（SM2、3、4）的数据加密技术，确保消息交换过程中数据不泄漏。同时，“天平链”在隐私保护方面，也支持密文数据的上链以及基于密码技术的权限控制，利用密钥分发手段，确保只有指定人才可以查看数据。

➢ 数字签名

利用非对称密钥加密技术，使用私钥对数据“加密”，加密的结果有且只有私钥的拥有者才能生成，其他人无法伪造，同时任何人使用其公钥都可以解密该数据，从而产生不可抵赖性，称之为数字签名。“天平链”各节点都配置了私钥和数字证书，在消息交换、共识过程使用数字签名确保各节点的身份。

➢ 智能合约

智能合约负责将区块链系统的业务逻辑以代码的形式实现、编译并部署，完成既定规则的条件触发和自动执行，最大限度地减少人工干预。

建立灵活、实用的智能合约系统是“天平链”未来扩展核心能力之一。目前“天平链”具备提供智能合约接口的能力，可以根据不同应用场景构建不同的智能合约。

（3）管理层

➢ 节点认证与授权

“天平链”通过CA认证授权实现联盟链节点准入机制。

当一个新成员被准许加入联盟时，需将自己的公钥以及必要的身份标识信息发送给证书签证机构（CA机构）。然后，CA机构根据这些信息，为其颁发证书，作为加入联盟的许可认证，证书实际是由CA机构签发的对用户的公钥的认证。

新成员发送消息时，需要附带自己的身份信息，其他节点收到该成员的消息时，对其身份进行认证，如果认证失败，则无法参与记账。所以，只有通过CA机构授权的成员，才会被联盟中的其他节点承认。

➢ 应用接入与授权

“天平链”支持简洁易操作的接口的方式实现存证与智能合约执行，应用接入通过密钥的方式进行授权，应用的接入与授权模块提供了对应的增加、删除、授权等功能。

➢ 跨链服务管理

“天平链”跨链服务定义了跨链所需的数据格式和数据接口，跨链服务的管理提供了跨链引擎模块部署、跨链服务的启动、停止等功能。

➢ 管理与监控平台

“天平链”提供了管理控制平台，支持对底层平台的运维，灵活确定区块链部署的规模和节点运行状态，Web管理控制平台通过“天平链”的 API 接口与“天平链”进行交互，进而实现对区块链节点的实时监控报警、区块链日志的实时分析、区块信息的实时监控、历史浏览，以及智能合约的部署、调用和管理功能等功能。

（4）应用层

提供可信、安全、快捷的区块链应用。可以使用“天平链”提供电子证据存证平台。“天平链”针对应用系统实现应用的接入、数据存证、数据存证的查询等功能；针对法院端的诉讼平台或调解平台，提供数据存证、数据存证的查询、验证（含跨链验证）等功能。

（5）安全

“天平链”在安全设计上，提供的特色服务有：多管齐下的隐私保护、国产密码算法、国产 CA 的支持。

隐私保护技术包括：数字指纹技术，哈希值上链，确保数据真实完整，但数据不上链；支持数据的传输限制在特定授权节点；支持用加密解密的方法对用户数据的访问采用权限控制；跨链技术，进一步消除外链应用的隐私顾虑。

国产密码算法是指“天平链”支持 SM2、SM3、SM4 等算法，并支持国密算法的硬件实现，支持国内主流的加密机（国家密码局颁发型号，满足《通用密码服务接口规范》的加密机）。

支持国产 CA，“天平链”用于节点权限控制的数字证书，可以由国内工信部颁发牌照的 CA 系统签发，支持 SM2 国产算法的 X.509 数字证书。

3.“天平链”的规则规范体系

根据区块链的技术特征，只能够确保数据上链存储以后不可篡改和不可删除，为保证数据上链前合规性，加强对司法行业的电子数据及平台建设合规性的管理，保证“天平链”安全稳定地运行，北京互联网法院主导联合国家工业信息安全发展研究中心、北京信任度科技有限公司、标新科技（北京）有限公司司法鉴定所、中国电子信息产业发展研究院、中国电子技术标准化研究院、国家信息中心、公安部第一研究所、中国信息通信研究院，并邀请信息安全、标准制定、司法鉴定、信息通信及区块链等方面的专家，组建司法工作组，重点开展“天平链”的规则规范编制工作。

经过多次研讨修改和组织专家评审后，北京互联网法院于2019年12月2日正式对外发布《天平链应用接入技术规范》《天平链应用接入管理规范》。

《天平链应用接入管理规范》规定了接入平台申请接入“天平链”的具体流程，包括：意向申请、正式申请、“天平链”秘书处受理申请、技术测评、组建评审组、评审、接入许可与公布。在互联网上开展业务与北京互联网法院管辖案件相关的单位，均可申请作为“天平链”应用接入。有接入意向的单位，可以向“天平链”秘书处通过电子邮件提交申请，“天平链”秘书处经初步审核，通知申请接入的单位进行系统安全性、电子数据合规性测评，是区块链系统的还要进行区块链安全性测评。完成测评后，“天平链”秘书处组织评审专家会议，通过评审后，申请接入单位即可正式接入“天平链”。

《天平链应用接入技术规范》则规定了接入平台申请接入“天平链”的技术测评要求，即在系统安全性、电子数据合规性、区块链安全性三个方面的基本技术要求，为接入平台接入“天平链”提供具体的技术指导，也为测评机构的测评提供依据。系统安全性要求方面包含：入侵防范，恶意代码防范，程序可信执行，数据完整性，数据保密性，访问控制，安全策略和管理制度，日志等指标项；电子数据合规性要求方面包含：电子数据生成主体，电子数据生成时间，电子数据提取与固定，电子数据传输，电子数据存储，电子数据验证，版本管理等指标项；区块链安全性测评方面包含：稳定性，共识算法，权限控制，节点，可管可控，智能合约安全等指标项。

附录五 “天平链”的司法应用场景情况——“天平链”电子证据存证及验证认定

“天平链”的司法应用落地源起于解决“互联网诉讼模式”中电子数据可信性的现实问题，存证、验证是“天平链”的首个重要应用。

当事人在接入了“天平链”的第三方平台上使用电子合同、版权登记等业务，其在签订电子合同、登记版权的时刻，数据哈希值就已经同步在“天平链”存证。此时，第三方平台和当事人获得“天平链”返回的 BC 文件。当事人发生诉讼向法院提交存证过的证据时，同时提交对应 BC 文件，“天平链”后台自动解析存证时的哈希值进行对比，如果哈希值相同，该数据没有被篡改即验证成功，如果二者哈希值不同，则意味着其被篡改过，并将上链标识、区块链验证状态、存证时间、存证内容、验证成功 / 失败等信息推动给法官，从而辅助法官判案，提升法官对于电子证据的采信效率。典型应用模式示意图如图所示：

天平链存证典型案例——蓝牛仔公司与华创汇才公司侵害作品信息网络传播权案

2014 年 5 月 10 日，蓝牛仔公司发表一幅名为“快乐的年轻人玩手机和电脑”的图片。内容为四名男女青年，在观看手中的手机、笔记本电脑和平板电脑。2015 年 12 月 28 日，根据蓝牛仔公司的申请，北京市版权局颁发京作登字 -2015-G-00625457 号《作品登记证书》，将包括涉

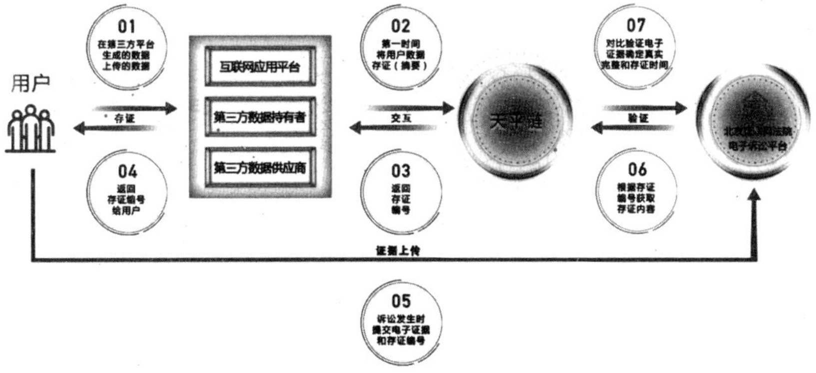

电子证据存证及验证认定流程

案照片在内的摄影作品的著作权人登记为蓝牛仔公司。涉案照片登记名称为 bji04140112，登记编号为京作登字 -2015-G-00641500。微信公众号华创资本（China Growth Capital）为华创汇才公司开办。2017 年 4 月 20 日，在被告华创汇才合作公司的要求下，由被告合作公司提供稿件，华创资本公众号内发表一篇名为《在帮中国人炒美股这件事上，为什么老虎证券走在了前头》的文章。文章中使用了 bji04140112 图片。故原告蓝牛仔公司要求被告华创汇才公司支付赔偿 7000 元及为制止被告侵权支出的合理费用 3000 元。该案中涉及“天平链”证据的相关事项：

其一，蓝牛仔公司之前曾向版权家（第三方存证平台）申请被侵权证据电子数据存证，并获得版权家电子数据存证证书，经版权家可信存证系统进行保管。版权链通过跨链操作将版权链区块的摘要数据在“天平链”上存证，“天平链”返回给版权链一个“天平链”存证编号，版权链再返回给用户一个包含在“天平链”上的存证编号以及在版权链上的存证编号的文件。

其二，通过版权大数据监测，发现本案中涉及的原告在其平台上存证的电子数据被侵权，即收集相关的侵权图片线索，将侵权线索存证上版权链，版权链通过跨链操作将版权链区块的摘要数据在“天平链”上存证，“天平链”返回给版权链一个“天平链”存证编号，版权链再返回给用户一个包含在“天平链”上的存证编号以及在版权链上的存证编号的文件。

其三，当诉讼发生时，原告蓝牛仔公司通过北京互联网法院电子诉讼平台进行网上立案，同时提交起诉状、用户身份验证信息、确权存证原文件、侵权线索原文件及包含区块链存证编号的文件。北京互联网法院电子诉讼平台调取“天平链”进行自动验证，验证结果显示涉案证据自存证到“天平链”上后，未被篡改过，得出区块链存证“验证成功”的结果。

最终北京互联网法院对该电子证据的真实性、合法性和关联性均予以认定，并采纳该证据依法作出了判决，最终判决被告华创汇才赔偿原告蓝牛仔公司经济损失及合理开支 2500 元。

后　记

本书能够得到西北工业大学资助并顺利出版，得益于西北工业大学马克思主义学院院长杨云霞教授、贺苗副教授和张笑男老师的大力帮助，在此表示感谢。

感谢本书编辑夏红梅女士对本书出版的辛勤付出。

本书撰写分工如下：王延川：第一章、第二章第三节、第三章、第四章第一节、第二节、第三节、第五节、第五章。陈姿含：第二章第一节、第二节。伊然：第四章第四节、附录一至五。

文中谬误之处在所难免，请各位读者不吝赐教，反馈问题，帮助我们改进。

如有改进意见，请发送：wang_yanchuan@163.com

图书在版编目(CIP)数据

区块链治理:原理与场景/王延川,陈姿含,伊然著. —上海:上海人民出版社,2021
ISBN 978-7-208-16962-3

Ⅰ.①区… Ⅱ.①王… ②陈… ③伊… Ⅲ.①区块链技术-治理-研究-中国 Ⅳ.①D922.174

中国版本图书馆 CIP 数据核字(2021)第 039442 号

责任编辑 夏红梅
封面设计 一本好书

区块链治理:原理与场景
王延川 陈姿含 伊 然 著

出　　版 上海人民出版社
(200001 上海福建中路 193 号)
发　　行 上海人民出版社发行中心
印　　刷 常熟市新骅印刷有限公司
开　　本 720×1000 1/16
印　　张 14.5
插　　页 4
字　　数 170,000
版　　次 2021 年 3 月第 1 版
印　　次 2021 年 3 月第 1 次印刷
ISBN 978-7-208-16962-3/D・3716
定　　价 60.00 元